影响中国人的

十大汉字

国学金故事

信

冯梦月　丁卉◎主编

台海出版社

图书在版编目(CIP)数据

信·影响中国人的十大汉字 / 冯梦月, 丁卉编著.
--北京:台海出版社,2012.9

(国学金故事)

ISBN 978-7-5168-0027-0

Ⅰ.①信… Ⅱ.①冯… ②丁… Ⅲ.①品德教育-中国
-通俗读物 Ⅳ.①D648-49

中国版本图书馆 CIP 数据核字(2012)第 211192号

信·影响中国人的十大汉字

编　　著:冯梦月　丁　卉	
责任编辑:王　艳	
装帧设计:天下书装	版式设计:方国荣
责任校对:董宁文	责任印制:蔡　旭

出版发行:台海出版社

地　址:北京市景山东街 20 号，　邮政编码：100009

电　话:010-64041652(发行,邮购)

传　真:010-84045799(总编室)

网　址:www.taimeng.org.cn/thcbs/default.htm

E-mail:thcbs@126.com

经　销:全国各地新华书店

印　刷:北京高岭印刷有限公司

本书如有破损、缺页、装订错误,请与本社联系调换

开　本:710×1000　1/16

字　数:52 千字　　　　　印　张:8

版　次:2012 年 11 月第 1 版　　印　次:2012 年 11 月第 1 次印刷

书　号:ISBN 978-7-5168-0027-0

定　价:19.00 元

信

小篆

金文

　　大家都熟悉《狼来了》这个故事。这个故事告诫大家的其实就是一个字：信。

　　"信"往往与诚字相连，人们常说，要做诚信之人。诚信体现在人们生活的大大小小事务中。某天，爸爸对你说，等你期中考试结束，爸爸带你去游乐场。你一定会欢天喜地，为之雀跃。然而，过了期中考试一个星期了，爸爸丝毫不提去游乐场的事情。于是，你就提醒爸爸他当初给你的承诺。我相信世界上大部分做爸爸的都会将自己的承诺兑现。一旦他不执行自己的诺言，那么，他在子女心中的光辉形象会霎时土崩瓦解。本书中《杀猪教子》一文，曾子树立了一个诚信的父亲形象。

　　反过来，也是一样的道理。如果你跟爸爸妈妈承诺，一定会认真学习，考试考出好成绩。那么，你就得按照自己说的话去做，否则，你也会被别人视作无信之人，渐渐地在别人心中失去重要的位置。

　　本书收录的古人的故事，都是真真实实发生过的。他们的事迹告诉我们，信存，人才能成为一个顶天立地的人，与周围的人才能正常的相处往来，否则，就会被大家忽视。信存，一个国家才能国富民泰，才能带领它的民众本分做人，踏实谋生。

信是木偶戏

　　信也，信任，承诺也。答应别人的事情需要做到，当别人知道了你的隐私，你同样也希望他不说出去。那些猜疑、担心什么的，我们把它叫做不信任。信任是美德之一。我对美德的理解是，一剂最佳美化心灵的化妆品。

　　一位面目可憎的大叔，即我校的校园管理员，是我刚入学时敬而远之的一个人。虽然知道人的善恶之分不在于外表，但是常常还是会被美的东西所吸引，而排斥难看的。然而日复一日的接触后，我发现这位校园管理员也应该被列在"美"的行列里。

　　当教室里有坏的桌椅灯泡，他确定了修好的时间就一定会准点送到。平时他总是热心地帮同学保管自行车或者其他物件。在他的门口有一个橱窗小柜，里面陈列着他在校园里捡到的遗失物，外套、钱包、书本等等各种各样的东西。失主发现了只需说一声就可以认领失物。可是如果有人冒领呢？有一次我忍不住提出我的疑问。他笑着回答我："同学们来我这取东西是对我的一种信任，而我把捡到的东西还给他们信任的一种回赠。"

　　一时间，我有些感慨。

　　信任是交流，是责任。只是我们为什么要去信任呢？在我看来，做一个让人信任的人也是很辛苦的，无名大侠杀了几个打家劫舍又不听劝阻的人，却因为之前答应过包拯不再擅自杀人而自杀了，尽管他保护了他人的生命，捍卫了正义。还有另一位侠士因遭人陷害而流亡，中途遇见三个人，一个樵夫、一个摆渡女，还有一名老汉。这三人分别都认出了侠士，都很敬重他的为人，侠士只是说了一句，请别和任何人说起见过我，三人就都自尽了。

在古代，信任也是一种精神，轻易是不可以违背的，甚至比生命还重要，它告诉了我们，做到一诺千金和言行一致并不是件很容易的事情。

而赋予别人信任的过程中会更加累，就像本书里的皇帝对臣子，此人，我该不该用？臣子对皇帝，我该不该效忠他？兴许又是一个周幽王，烽火戏诸侯？百姓对臣子，他会不会又是一个搜刮民脂民膏的贪官？那么，信任还是不信任呢？这些都需要判断，一点一滴的从很小的事物上来判断，日积月累。那么，我干脆不要信任，不答应别人任何事情，这样会不会轻松很多呢？

我是从木偶戏中找到答案的。我唯一看过的那场木偶戏叫作皮诺曹。小小的木头人，长长的鼻子，走起路来一蹦一跳的，还会翻跟头，很是滑稽。可看完戏后到幕后参观，我才发现，原来一个小木偶身上穿着如此之多的绳索，固定在他身上的各个部位，密密麻麻。想让他会走会笑，就必须有很多人合作着拉那些绳索，忽略了一条，木偶就可能摔倒。信任就像这些拴在木偶身上的绳索一样。人当然不是木偶，牵制在我们身上的绳索确是无形的，只有彼此才看得到。

我们刚出生的时候，一个小小的婴孩，连眼睛都睁不开。那么，首先赋予我们信任的是我们的父母，他们对自己的孩子总是无私的，而我们，由于依赖开始而信任他们，演变成了一种习惯。等到再大一些的时候，我们接触了不同的人，亲戚、朋友、老师、同事、上司以及商场里的小贩，与他们相处和交流，我们之间的信任就形成了一道道绳索，把我们紧紧地捆在一起，束缚了我们的行动，也约束了我们不会往弯路上面走。这些信任绳索将我们越捆越紧，最后融入我们的血液里，就这样我们不分彼此地相亲相爱，不计较得失，从而产生了一种很深厚的情绪，这就叫做感情。

相反的例子呢，有一个人，他撒谎成性又不知悔改，身边的大部分人都对他不信任，他的四周充斥着有色的目光。这时候他就会感到难过和孤单，成为一名"独行侠"。不信任同样是相对的，失去了绳索，他就算还能够行走也是如履薄冰，最终也会因与社会脱节而被淘汰、被遗忘。

因而，信是很重要的，它搭建起了人与人之间的桥梁，它使我们进步，让我们不断地从中学习，信也是我们要从小养成的一个好习惯。

冯梦月

目　录

经典的文化，精美的图画，《国学金故事》向你展露文明之花。

——龚鹏程教授 台湾

中华历史文化，是我们精神世界永不枯竭的源泉，《国学金故事》展现了智慧与美德并存的乐园。

——浙江大学文学院 廖可斌教授

在世界多元文化格局中，我们的国学有它特殊的贡献以及永恒的意义。这是我们精神承传的目的，是我们取之不尽的源泉。

——南开大学 宁宗一教授

情节引人入胜，语言生动有趣，人物形象栩栩如生，配以精美的图画，给读者以心灵的启迪和文学的熏陶。

——新浪网图书频道主编 陈诗莹

桐叶封弟

周成王，姓姬，名诵，西周第二代国君（是中国古代贤君之一），其父武王死时，他年幼，由叔父周公旦（也称作周公）摄政，周公东征胜利后，大规模分封诸侯，巩固了西周王朝的统治后，周公还政于他。

故事发生在两千多年前的西周时期。

周武王去世后，年少的诵登上了周天子的宝座，成了周成王。他有很多弟弟，其中叔虞和诵最为要好，他们俩从小一起长大，既是兄弟又是朋友，高兴的事一起分享，痛苦的事一起分担，两人之间简直是无话不说。诵做了周成王以后，不能像以前那样调皮、玩耍了，经常要忙于处理一些国家大事，一会儿是这里的百姓收成不好要救济，一会儿是那里的诸侯叛变，忙得他焦头烂额了。但是他一回到后宫，和叔虞在一起玩的时候，就把所有的烦恼都抛在脑后了。可叔虞面对诵，却不像以前那样随心所欲了。毕竟，诵是一国之君嘛。

一天，成王刚上朝，就得到一个好消息：率领

部队远征的周公，也就是成王的叔父，灭掉了叛乱的唐国，正凯旋而归。退朝后，成王心里非常高兴：叔父可真行，一出征就把那些人吓破胆了，哈哈！他心里的这股高兴劲儿实在是抑制不住，于是跑着去找叔虞。

叔虞正在读书，见成王喊叫着闯了进来，连忙向成王施礼。成王一把拉住叔虞的手，说："走，出去走走，我告诉你一个大喜讯！"

叔虞顺从地跟随成王走出书房，来到了后花园。正值仲夏时节，园中鲜花怒放，散发出一阵阵沁人心脾的香味。一排郁郁葱葱的梧桐树，伸展着长满茂密树叶的枝丫，形成一条长长的绿荫带，直通向园子的后门。兄弟俩就在梧桐走廊里走着谈着，偶尔树上飘落一两片梧桐叶。成王迫不及待地将周公灭掉唐国的消息告诉了叔虞，叔虞只是礼节性地点点头，或说几句"还是成王英明"等等赞颂的话。

成王听了，感觉非常刺耳，昔日的兄弟怎么变得这么生分了？他的笑容一下子消失了，禁不住对叔虞说："你我都是兄弟，以前我们无话不说，现在你怎么对我如此生疏，跟那些白胡子大臣一样了呢？"

叔虞低着头行礼回答道："大王，以前我们是兄弟，但现在您的身份改变了，您和我是君与臣的关系，怎么还能像以前那样呢？"

"怎么不能像以前一样？我们是兄弟呀！我的就是你的，你的就是我的，还在乎什么君不君、臣不臣的呢？"成王真诚地说，叔虞只是苦笑着。

"你不相信？"成王一把拽住叔虞的手，向四下望了望，弯下腰捡起一片梧桐叶，一本正经地说，"我今天就封你为诸侯国的国君，这桐叶就是凭证。"

叔虞先是一愣，继而笑了。成王也笑了，

两双手合着梧桐叶紧紧握在了一起……

回到后宫，一个随从对成王说："大王，您怎么能轻易地封叔虞为诸侯国的国君呢？他留在京都您还可以监视他，如果他离开京都，到了封地上，难保不会出现第二个叛乱的唐国啊！"

成王听了，心中不禁一震。

几天后，史佚与成王谈论国事。谈到分封叔虞的事，成王漫不经心地说："你是指桐叶的事吧，那只是我和叔虞闹着玩的。"

史佚顿时神情严肃起来："大王，出言必果是做人的基本准则，何况天子的言行，是要记在史书上，供后人传诵的。怎么能随随便便，如同儿戏呢？"

成王默不作声，沉吟半晌，对他说："你所言极是，言而无果，怎能取信于民？"

于是他选了一个黄道吉日，为叔虞举行隆重的分封仪式。仪式接近尾声，两兄弟相视而笑，两双手攥着那片梧桐叶又紧紧地握在了一起。

《史记·周本经》

本 篇 成 语 解 释：

1.【随心所欲】一切都由着自己的心意，想怎么做就怎么做。

2.【沁人心脾】指呼吸到新鲜空气或喝了清凉饮料使人感到舒适。现也用以形容欣赏美好的诗文、乐曲等给人以清新爽朗的感觉。

3.【郁郁葱葱】(草木)苍翠茂盛。也说郁郁苍苍。

4.【漫不经心】随随便便，不放在心上。也说漫不经意。

信失国亡

周幽王，名宫涅，西周最后一位国君。

周幽王于公元前781年登基，当时的周朝国内，百姓贫穷，粮食短缺，诸侯甚至露出叛乱的迹象。周朝北边的戎人也常常入侵南下。可幽王是个败家子，经常不上朝，只知道吃喝玩乐。一些正直的官员和广大的老百姓对此很有意见，但是都敢怒不敢言。

周幽王三年的时候，一个叫褒的诸侯国进献给周幽王一个美女，名叫褒姒，幽王一见到她，就喜欢得不得了，含在嘴里怕化了，拿在手里怕碎了，对她可谓是百依百顺。可褒姒就是绷着脸，没一丝笑容，一直到她生下儿子伯服，幽王也没见她笑过。

这可让幽王犯愁了：围场打猎，花园赏花，送名贵的宝石，看伶人滑稽表演等等办法都试过了，她就是不笑。到底是什么原因呢？水土不服？不对，吃得好，睡得安稳，还生了个大胖小子，还怎么会水土不服？思念家里的人？已将她的父亲、母亲、哥哥、姐姐都迁到宫里，而且都当上了大官，还按照她家乡的样子盖了一间一模一样的房子，应该说没什么可忧愁的了。幽王在宫里转了七七四十九圈，一拍大腿，想了一个主意，一定要让她笑一笑。他立刻回殿，宣布他的旨令，废掉原皇后和太子，立褒姒为皇后，伯服为太子。他想，这下褒姒该满意了吧？

可来到后宫，迎接他的不是想象中花朵般的笑靥，依然是她那张虽然漂亮却冰冷的面孔，幽王这下可真没辙了。

正在这时，外面来报，戎人又来犯边，已接近王宫了！幽王一下子着了慌，急忙跑上都城的烽火台，指挥士兵点上烽火报警。烽火报警是西周第一代国王周武王为防备戎人的侵袭而同各诸侯定下的规矩，只要设在各诸侯国的瞭望台望到烽火，就表示有外敌入侵都城，诸侯便会立刻派兵来保护天子。果然没多久，各诸侯的援兵驾着车、跑着步从四面八方赶来了，在城外和敌人展开激战，不多时，戎人就被打退了。

"咯咯咯……"不知什么时候，褒姒也上了城楼。更令人惊奇的是，她绽开了从未展现过的笑容。

周围的人都惊呆了，幽王更是嘴巴都合不拢了：没想到她的笑这样美，更没想到褒姒会喜欢一般女孩子都害怕见到的战斗场面。半晌，他才跟着傻呵呵地笑了，把戎人入侵的事早就抛到九霄云外去了。

但回到后宫，褒姒又不笑了。周幽王为了博得宠妃的欢笑，几天以后，又命令士兵点燃了烽火，而他则拉着褒姒在城楼上等着。没过多久，各路诸侯的救兵又如潮水般赶来了，但在高大的城墙下，一个戎人的影子也没见到，只听到城楼上周幽王拥着褒姒开怀大笑的声音。诸侯们才知道被骗了。

后来，周幽王又多次登楼点燃烽火，

骗得各路诸侯一次又一次地派兵赶来。反复几次，诸侯们也就不派兵来了。

公元前771年，戎人大举进攻西周，一直攻到都城下。周幽王看到大兵压境，情况万分危急，于是又命人点燃了烽火，盼望援军赶来。各路诸侯见到烽火报告，都以为周幽王又在玩那一套老把戏，所以都不予理睬。失魂落魄的周幽王见没有诸侯来救援，只得带着褒姒落荒而逃，结果在骊山脚下被戎人追上，死于乱刀之下。

周幽王为了博取美人欢笑，一次次戏弄诸侯，使自己的信誉扫地，终于葬送了身家性命。西周也在烽火博一笑中灭亡了。

《史记·周本纪》

本篇成语解释：

1.【失魂落魄】形容心神不定非常惊慌的样子。

古代圣王禹、汤，循义讲信而天下大治；暴君桀、纣，背信弃义而天下大乱。所以，作为国君一定要慎礼义、讲忠信，然后才能治国。这是"君人者之大本也"。由此证明诚信是治国之本。

季札挂剑

季札，春秋时期吴王寿梦第四子，擅长音乐，以品德高尚、博学多才著称于世。

春秋时期，在我国东南方有个吴国，吴王有四个儿子，兄弟四个感情融洽。

吴王对四个儿子都非常喜欢，对德才兼备的季札，更是宠爱有加。

吴王临死时，就想把王位传给他，季札的三个哥哥也赞成。但季札诚恳地对大哥说："大哥，不是我不愿意挑起这副重担，只是我的志向不在于统治国家，况且你是合法继承人，能力也不比我差，还是由你继位吧，我会尽心辅佐你的。"季札的大哥推辞不受，季札说要回乡下种田，才迫使大哥接受了王位。后来，季札的二哥、三哥也相继当上了吴王，都想把王位让给他，季札仍是坚决不肯接受。因此，季札深受吴国人民爱戴，其他诸侯国的人也愿意和他交朋友。

一次，季札奉命出使列国。途经徐国时，受到徐国的国君——徐君的热情款待，

他们俩一见如故，谈得十分投机。但没过多久，季札就发现徐君的眼光不时地投向自己随身佩带的宝剑，便微笑着解下剑放在桌上，好让徐君看个仔细。这可是一把非同寻常的宝剑，剑鞘用金玉镶嵌而成，上面雕刻着精美的花纹。徐君抽出剑，只见寒光闪闪，照得人睁不开眼睛，不由得连声称赞："好剑，真是一把好剑啊！"

季札见徐君非常喜欢这把剑，有心将它送给徐君作个纪念。可这把剑是季札作为国家使节的一件信物，出使列国必须带着它。如今，自己出使的任务还没有完成，怎么可以送人呢？季札觉得非常矛盾。徐君心里也明白季札的难处，尽管他非常喜爱这把宝剑，也不愿开口让季札为难。

几天以后，季札要离开徐国了。临分手时，徐君依依不舍，解下母亲传给自己的玉佩送给季札留作纪念。季札望望手里的玉佩，又望望暗含泪光的徐君，心里暗暗发誓：徐君，等我完成使命回来，一定将宝剑赠与你，以谢知遇之情。

数月之后，季札使命完成，就直奔徐国而去。还没到徐国，就有人报告："徐君不久前得重病去世了！"

此话像晴天霹雳，季札脑中一片空白，过了好久，他才清醒过来。季札怀着悲痛的心情，来到郊外徐君的陵墓前。他泪流满面凝视着青草覆盖的坟墓，喃喃低语道："徐君，我迟来

一步，上次的相聚竟然成了永别！"说着，季札缓缓地解下宝剑，将它挂在墓前一棵高大的松树上，并嘱咐守墓的徐国官员好好守护徐君的陵墓。

在回国途中，随从满脸疑惑地问道："公子，徐君已经死了，您还把剑挂在那儿，有什么用呢？"

季札整了整衣冠，郑重其事地回答道："我在心里早已许下了诺言，要将这把宝剑送给徐君。现在徐君虽然已不在人世，但我还是应该信守诺言。否则，我能算个诚信的人吗？"

季札挂剑的事传开之后，人们对季札的品德更加仰慕，季札的美名也传得更远。

《史记·吴太伯世家》

本篇成语解释：

1.【一见如故】初次见面就很相投，像老朋友一样。

2.【郑重其事】郑重：严肃认真。严肃认真地对待这件事。

子曰："人而无信，不知其可也。"认为人若不讲信用，在社会上就无立足之地，什么事情也做不成。

虽然季札不曾当众许下诺言要赠送宝剑，但即使是在心中许下的诺言，季札仍然坚守，没有丝毫马虎。他履行诺言的诚意感动了所有的人，这样就更加树立了自己的威信。诚贵在于信，信则在于行，口头说出的是承诺，心里默许的也是承诺，兑现说出的诺言是守信，践行默许的承诺更是守信。

无 信 致 祸

　　齐襄公，春秋时期齐国国君，齐庄公孙。因昏庸无道，于公元前686年被部将所杀，在位十二年。

　　春秋时期，齐襄公是个昏君。他当政以后怕别国来打他，就任命大夫连称为大将，管至父为副将，带兵去守边境。两位将军一听就傻眼了，因为他们听说，边境很苦，方圆十里都没有居民，尤其是吃水特别困难。他们交换了下眼神，便推说身体欠佳，奏请齐襄公派其他将军去守。齐襄公一听，回头把眼睛一瞪，鼻子里发出"嗯"的声音。两位将军禁不住打了个寒颤，便不再言语了。

　　到了出征的时候了，两位将军去向齐襄公辞行，央告齐襄公说："大王，这可是个苦差事啊，您能不能给我们一个期限呢？"

　　这时，齐襄公正在吃甜瓜，一口一口地光顾着咬，也不搭理他们。

　　两位将军又恳求道："倒不是我们吃不了苦，只是士兵们也有家室呀，如果太久的话，恐怕会造反呐！"

　　齐襄公吃瓜的嘴巴停了下来，过了好一会儿，又拿起一个甜瓜,在手里掂了掂,瞟了一眼跪在地上的两位将军,漫不经心地说:"那这样吧,到明年吃甜瓜的时候,我叫人去换防!"

两位将军这才放心,给齐襄公磕了几个头表示感谢,擦了擦头上的汗水,起身率领士兵守边境去了。

一年终于过去了,连称和管至父两位将军早就在边境待得不耐烦了。有一天,有个士兵报告说邻国的甜瓜已经上市了,还带了几个甜瓜给两位将军看。两位将军不禁心花怒放:终于等到这一天了,总算可以回家了。于是急忙派人去都城打听换防的消息。

过了两天,那人回来了,说:"大王带着妃嫔游山玩水去了,说是一个月都没回宫了。"

连称听了大怒,气呼呼地说:"我早知道他是个说话不算话的家伙,言而无信,我们干脆打回去,把他杀了吧!"

管至父一把拦住他,说:"别这样,也许他忘了,我们先去催一催他。"

他们派了一个小兵带了些甜瓜送给齐襄公,顺便问问齐襄公什么时候派人和他们换防。

可巧齐襄公回宫了,瞧见边境派人送甜瓜来,这不是明摆着骂他吗?他顺手抄起一个甜瓜,朝送瓜的士兵头上砸去。"啪"地一下,小兵脸上被砸得全是瓜瓤、瓜籽,瓜汁从脑门直流到嘴唇上,那小兵舔也不是,不舔也不是。

齐襄公骂道:"我叫你们怎么着就怎么着!回去跟他们讲,明年吃瓜的时候再说,急什么!"那小兵回

去一讲，连称和管至父肺都气炸了，士兵们盼了一年，现在希望落了空，也都很气愤，纷纷要求两位将军为他们做主。

隔了不久，齐襄公又到郊外游玩打猎，不小心摔伤了腿，于是就在别墅里过夜。夜里三更时分，齐襄公因为伤脚疼痛，翻来覆去睡不着。忽然，一个大臣闯了进来，喊道："大王，不好了，连称和管至父叛变，派兵杀进来啦！"

齐襄公吓得魂都掉了，哆哆嗦嗦拖着伤腿钻到床底下。

连称赶到齐襄公宫里睡觉的地方，一刀下去，发现不对，便四处寻找。找了半天，看见角落里一条腿露在外边，拖出来一看，正是齐襄公。

连称骂道："你这个昏君，你这个不仁不义、无情无信的家伙，我今天杀了你，为国除害！"说完，手起刀落，把齐襄公给杀了。

齐襄公因为不信守承诺，落得个被臣子杀死的下场，可见，信是多么重要。

《史记·齐世家》

本 篇 成 语 解 释：

1.【心花怒放】形容高兴极了。

2.【游山玩水】指游览、观赏自然风景。

3.【言而无信】说出话来不算数。

4.【翻来覆去】指来回翻动身体。也形容多次重复。

信史永存

伯、仲、叔、季，兄弟行辈中长幼排行的次序，伯是老大，仲是第二，叔是第三，季最小。

春秋时期，齐国的齐庄公是个骄奢淫逸的家伙，整天游山玩水、花天酒地，甚至私下抢夺了齐国相国崔杼的妻子。一时，全国上下都非常气愤。

崔杼心里更是窝火，只有一个念头：杀死齐庄公！他左思右想，终于想到一条妙计。他派人到外边去散布谣言说相国崔杼病了，自己则躺在床上装病，他知道齐庄公一定会来看自己的。果然，齐庄公带了几个卫兵来相国府进行礼节性的探望。崔杼早已设下埋伏，按照计划杀掉了齐庄公，解了心头之恨。

之后，崔杼立齐庄公的弟弟为国君，这就是齐景公，但朝廷大权都掌握在崔杼手里。仇报了，大权在握，应该说没有什么事情可担忧了，但崔杼总觉得心里疙疙瘩瘩的。因为按照当时的观念，臣子是无论如何不能杀君主的。这件事迟早会被史官记录下来，崔杼肯定会遭到后人责骂的。崔杼可不愿意被后人骂得狗血喷头。

于是，他就召来了齐国负责记载历史的史官伯。一见面，他就笑着对伯说："我知道你是个正直的史官，你看齐庄公虽然贵为国君，却抢夺臣子的妻子，整天花天酒地、荒淫无道，我只是根据大家的意愿杀了他，这不是我的错呀！这完全是他搬起石头砸自己的脚——自作自受，你看史书上这样写好不好：先君是害病死的。"

伯想都没想，说道："庄公确实是罪有应得，但您亲手杀了庄公，这也是历史事实，我怎么能因为庄公昏庸无道而不顾历史事实呢？"

崔杼以为对伯说几句好话，伯就会顺从。没想到伯一个小小的史官竟敢违背他崔杼的意愿，还讲这么多大道理。于是，他马上变了一副面孔，冷冷地问伯："你打算怎么写？"

伯不慌不忙地说："我写好你就知道了。"

等伯写完，崔杼一把夺过竹简一看，肺都气炸了，竹简上竟然写着这么几个字：夏五月，崔杼弑（就是杀的意思）君。

他把竹简向地上一掷，眼里闪着凶光，说："摆在你面前有两条路，一条是照我的意思重新写，我不仅不会追究你的过错，而且还让你做大官；另一条路，不说你也明白的！"

伯毫不畏惧："按照事实写历史，是我们做史官的职责，要杀就杀，让我重写是不可能的！"

这样，伯就被崔杼杀了。根据当时的习惯，史官的职位是可以继承的，兄死了，弟就可以继承。伯的弟弟仲听说哥哥死了，就抱着竹简前来接替哥哥的职位。等仲写完这段记录，崔杼一看，还是那几句话。崔杼又惊又气："天下竟然有这样不怕死的人，你难道不知道你哥哥被杀了吗？"

仲昂着头说："史官只怕写的历史不真实，不怕杀头。"于是，仲也被杀了。

仲的弟弟叔又来了，他仍和他两个哥哥一样，照实书写，又被杀了。

季是四兄弟中最后一个，他还是照样写

道:"夏五月,崔杼弑君。"

写完后对崔杼说:"您越杀人,就越证明您的残暴。就是我不写,天下人也会写的。可以杀史官,却改变不了事实。"说完伸长了脖子等死。

崔杼连杀三人,早就有点儿后怕了,叹了口气说:"我是为了保全社稷,没办法才担了这份罪名,后人会理解的。"说完,让季回去了。

季抱着写好的竹简走在回家的路上,碰到了抱着竹简急急忙忙赶路的南史氏,也就是他的妻子。南史氏说:"我以为你也会被杀掉,所以准备上相国府接替你呢!"

季把写好的竹简给她看,南史氏才放了心,两个人一同回家去了。

《史记·齐世家》

本 篇 成 语 解 释:

1.【骄奢淫逸】骄横奢侈,荒淫无度。
2.【自作自受】自己做了错事,自己承担不好的后果。形容咎由自取。
3.【罪有应得】由于犯罪、干坏事而得到应有的惩罚。

史官的诚信不仅是对当时的百姓负责,更是对后人的负责。

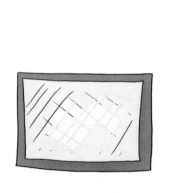

军 令 如 山

孙武，字长卿，春秋末年齐国乐安（今山东惠民县）人，被后人称为孙子（子是古代对人的尊称）。著有《孙子兵法》，是我国杰出的军事家。

春秋末年，东周王室逐渐衰微，各诸侯国开始逐鹿中原，争王称霸。地处东南的吴王阖庐（也写作"闾"）也有当霸王的想法，但身边没有杰出的人才，为此，他整天犯愁。

有一天，阖庐得到了一本叫《孙子兵法》的书，是讲如何行军打仗的。他一边看，一边不住地点头。看完后，马上传令："叫孙武进宫。他正是我要找的人！"

吴王大概没有想到，这个决定，使吴国得到一位杰出的军事家。

一见面，吴王就对孙武说："先生的十三篇兵法，我都看了。我是一个喜好用兵的人……"

不料孙武打断他的话，严肃地说："大王，我的兵法固然是讲如何行军打仗，但目的不在此。如果大王只是喜欢用兵，那我就没有什么好说的了。"

吴王一听,心想:呵,这个人还挺倔的呀!他忙解释说,自己从未见过这样高明的兵法,问孙武能否小规模地演示一番。孙武回答得很干脆,无论男女,均可列阵操练。为了试试孙武的才能,吴王决定让孙武指挥宫女演练。

当天下午,在吴国都城的一处园林中,战鼓高悬,军旗飘扬,与这肃穆的气氛显得很不协调的是,列阵待令的并不是骁勇的壮勇之士,而是一百八十名娇弱的宫女。

吴王阖庐站在高高的望云台上,他想仔细考察一下孙武的实际指挥能力。

只见孙武让宫女分为左、右两队,手执画戟,让吴王的两个宠姬分任队长,然后,对宫女颁布口令规则:"向前,就是向正前方前进;向左,则看左手;向右,则看右手;向后,则向背的方向后退。明白了没有?"

宫女们答道:"明白了!"

孙武又告诫她们要严守军纪,听从指挥。一切交待完毕,孙武传令击鼓,自己手持令旗大声发布命令:"右!"宫女们一点儿反应也没有,她们根本没把孙武放在眼里。让女子演兵已够新鲜的了,现在鼓声大作,令旗翻飞,更使她们觉得可笑。站在望云台上的吴王也觉得滑稽,禁不住笑了。

孙武没有动怒,脸色很沉着,他等宫女们笑完了,平静地说:"刚才约束不明,申令不熟,是我的错。我再讲一下口令。"

于是,孙武又将口令重申了一遍。可第二次下令击鼓前进的时候,宫女们还是乱成一团,笑个不停。特别是吴王的那两个宠姬,

信言不美,美言不信。虽然孙子的言语和做法违逆了吴王,但他秉承了他心中『信』的原则。

笑得前仰后合,还不时地向望云台上的吴王招手。

孙武这次可就不客气了,马上叫武士将吴王的两个宠姬推出去斩首。

吴王这下可着了慌,马上派人对孙武说:"这二姬是吴王最宠爱的,没了她们,吴王会食不甘味的,吴王已知道孙先生的本领了,还是饶了她们这一回吧。"

孙武答道:"我已受命为将,将在军中,君王的有些命令可以不听。"说完,下令将二姬斩首了。

这下,这些宫女们守规矩了,一是一、二是二,再也不敢胡闹嬉笑了。过了一个时辰,宫女们竟然奇迹般成为一支步调一致、军纪严明的队伍了。

吴王心里虽然有点儿不舒服,但也挺高兴,毕竟得到了一位可以为他指挥军队的杰出将军了。在孙武等人的辅佐下,吴王连续打败楚国、齐国、晋国,成为春秋末年的"五霸"之一。

《史记·孙子吴起列传》

本篇成语解释:

1.【逐鹿中原】逐鹿:比喻争夺政权;中原:黄河中下游地区,泛指中国。比喻群雄并起,争夺天下。

2.【前仰后合】仰：面朝天；合：曲身俯地。形容身体前后晃动的样子。

3.【食不甘味】甘味：味道美好。形容心里有事,吃东西都不知道味道。

孔子在"足食"、"足兵"、"民信"三者中,宁肯"去兵"、"去食",也要坚持保留"民信"。因为孔子认为"民无信不立",如果人民不信任统治者,国家朝政根本立不住脚。因此,统治者必须"取信于民"。

退避三舍

晋文公，春秋时期晋国君。献公之子，名重耳。公元前636年——公元前628年在位，在位期间，整顿内政，增强军队，国力强盛。在城濮之战，大胜楚军，成为"春秋五霸"之一。

春秋时期，晋国公子重耳为了躲避战乱，在国外流浪了十九年，到六十多岁的时候，才回国当上国君，他就是历史上有名的晋文公。

有一年，南方的楚国发兵攻打宋国，宋国向晋国求救，晋文公马上率军去救宋国。经过几天的战斗，攻下了楚的属国卫和曹。

晋文公亲自率领军队出征的消息传到了楚国，当时执政的楚成王一听，心里暗暗着急："不好，我军恐怕要吃亏！"

楚成王马上派使臣，对楚国的大将成得臣传达他的命令，说晋文公经过十九年的流浪生涯，吃过许多苦，而且手下有忠诚的谋士和将军，士气高涨，跟晋军打仗恐怕占不了什么便宜，还是趁早收兵吧。

成得臣是个很骄横的人，对楚成王的告诫，很不服气，便对楚成王的使臣说："你去禀告大王，如果我成得臣不能打败晋军，我就提着脑袋去见大王！"

楚成王听使臣回来这么一说，很不高兴。但成得臣以前确实立过很多战功,现在又带兵在外,没有办法,只好听天由命了。

楚晋两国兵马就这样摆开了交战的阵势。

晋文公站在一辆大的战车上,身后是晋国的各种部队,有骑兵、有战车、有步兵,手里举着鲜艳的战旗。中间都绣有一个大大的"晋"字,军容整齐,步调一致。望着不远处楚国的军队,晋文公似乎在想些什么。过了许久,他对传令官说:"传我的命令,部队后退三舍(大概等于现在的四十五千米)!"

"后退三舍?"晋军从大将到士兵都不敢相信自己的耳朵:我们晋军进攻势如破竹,现在士兵的必胜信念又那么强烈,为什么要后退呢?

晋文公见军队没有遵从命令,显得很激动,大声说:"我说过的话,一定要做到,决不能失信于人!"说完,就回到大营去了。

这是怎么回事呢?原来,当初重耳避难的时候,一路上有些国君对他很不友好,当他来到楚国时,楚成王隆重地接待了他,重耳很受感动。在宴席上,楚成王对重耳半真半假地说:公子贤能,一定能回国当上国君,假如将来有一天,我们两国打起仗来,你怎么办呀?"

重耳很认真地说:"我当然是希望两国永远友好下去。万一发生战事,我一定让我的军队退避三舍,报答你对我的盛情款待。"

晋文公的得力助手狐偃把这段故事讲给将士们听后，又接着说："我们退兵三舍，目的是要楚国也退兵，这样两国就容易讲和了。要是我们退兵了，而他们还要追上来，这就是他们没理了。到那时我们就不客气了。"

大家听了，都暗暗赞叹：我们的大王真是个讲信义的人。于是，晋国大军退后了三舍，退到城濮这个地方，才停了下来。

见晋国兵往后退去，成得臣哈哈大笑："胆小鬼，还没交手就吓破胆了，给我追！"

于是楚国军队一阵猛追。晋军见楚军非但不退兵，反而逼了上来，只好迎战。一开战，楚军就被打得落花流水。成得臣带着几个残兵败将，杀出重围，还没喘过气来，又被晋国军队团团围住了。

成得臣眼看难逃一死，忽然见一匹快马赶到，马上的人大叫道："大王有令，千万别杀楚将，放他回去，报答楚王情义！"

晋国军队连忙让出一条通道，成得臣才得以逃回楚国。他回到楚国后，觉得无脸见天下人，便自杀了。

《史记·晋世家》

本篇成语解释：

1.【听天由命】天：天意。命：命运。听凭命运摆布，不做主观努力。

才能使手下臣服于他，天下亦臣服于他。

重耳是个将讲信义的人。如此君子当王，

2.【势如破竹】形势就像劈竹子，头几节劈开以后，下面各节就顺着刀刃分开了。形容节节胜利，毫无阻碍。

3.【落花流水】凋落的花瓣随着流水飘去。原来形容残春的景象，现在比喻惨败。

什么是"信"？

《说文解字》认为"人言为信"，程颐认为："以实之谓信。"可见，"信"不仅要求人们说话诚实可靠，切忌大话、空话、假话，而且要求做事也要诚实可靠。而"信"的基本内涵也是信守诺言、言行一致、诚实不欺。

杀猪教子

　　曾子，春秋末鲁国南武城(今山东济宁嘉祥县)人。名参，字子舆，孔子学生，以孝著称。相传《大学》为他所著，被尊称为"宗圣"。

　　曾子，是人们对曾参的尊称。他是孔子晚年的学生，很注重自己的道德修养。

　　有一天，正好是一个月一次的赶集日。一大早，左邻右舍都早早地起了床，手里挽着篮子或者推着小车，三三两两地向集市走去。赶集日就是孩子们的节日，人又多，又有好吃的，还有什么风筝等好玩的东西可以买，多有趣呀！所以小孩们都牵着爹娘的手高高兴兴地向集市走去。

　　曾子的小儿子早早地起来了，也叫娘带他去集市玩，可娘就是不同意，说街上人多不好玩，还说街上有老虎会吃人，尤其喜欢吃小孩。

　　"骗人！街上哪有什么大老虎？要是有大老虎，为什么邻居家的小三也去了？"曾子的小儿子两手托着腮，坐在自家的门槛上想着心事，偶尔有小伙伴从门口经过，向他打招呼，叫他去集市，他也不理。

　　"你蹲在这儿干什么呀？"身后传来娘的声音。

他转过梳着小辫的头，看见娘左手挎着一个篮子，正准备出门。

"娘，让我跟您一起去玩吧，隔壁小三也去了，我不怕大老虎。娘，让我去吧！"曾子的小儿子一把抱住娘的腿，苦苦哀求，不一会儿，眼泪都流了下来。

曾子的妻子见到这情形，心早就软了，可今天要办的事真是太多了：买菜之后还要去张大婶家拿舂好的米，最后还得回二十里外的娘家一趟，大人尚且累得要死，哪有精力来照顾小孩呢？今天绝对不能让儿子去的！于是她对小儿子说："乖啊，今天你就在家里玩，等我回来就杀猪，做猪肉饼给你吃，好不好？"

那时候，一般人家要杀头猪吃，并不是很容易的事。曾子的小儿子一听妈妈说有猪肉吃，顿时就放弃了去集市的想法，他攥着娘的衣襟，说："娘，您可不要骗我呀！"

"我怎么会骗你呢？小祖宗，在家玩吧，我走了！"曾子的妻子说完，就去集市了。曾子的小儿子，也连蹦带跳地回房玩去了。

一直到下午，日头快落山了，曾子的妻子累得腰酸背疼地从集市上回来了。一进门，就见自家的大肥猪四脚朝天躺在院子里，猪蹄子被捆得结结实实，曾子在堂屋里一边磨杀猪刀，一边逗小儿子玩。

妻子好生奇怪，忙问："你这是干什么？"

曾子仰起头对妻子说："杀猪啊，早晨我在后

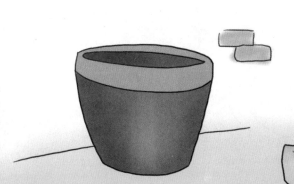

院不是听你说,你从集市回来做猪肉饼吃吗?"

见曾子一副郑重其事的样子,曾子的妻子这才想起早上出门时对儿子说的话,她忙把曾子拉到一旁悄悄地说:"我那是跟孩子说着玩的,你怎么能当真呢?"

"跟孩子可不能开这样的玩笑!"曾子倒是一本正经,"你既然答应了孩子,就要言而有信,说到做到。不然的话,你以后还要不要孩子听你的话呢?"见妻子还有点儿不服气,曾子又说,"孩子以为大人说的都是真话,所以他信任你。现在如果你不杀猪的话,他肯定会认为你是故意骗他的,这不等于教孩子以后去骗人吗?这可是关系到一个人的品德修养问题呀!"

曾子的妻子不做声了,沉吟了一会儿,红着脸对曾子说:"行,就依你!"边说边挽起袖子帮曾子杀猪。

晚上,曾子的家里笑声不断,不时飘出一股浓浓的肉香。

《韩非子·外储说左上》

本篇成语解释:

1.【左邻右舍】指寓所周围的邻居。
2.【一本正经】形容庄重,规矩,非常认真(有时带有讽刺意味)。

不 偏 不 倚

祁奚，字黄羊。春秋时期晋国大夫，悼公时官至中军尉（掌管一国军队的主帅）。因善于荐人，后人赞之"称其仇不为谄，立其子不为比，举其偏不为党"。

祁黄羊是春秋时期的晋国大夫。他身居高位，但从不以私心去办任何事情，做事总是不偏不倚。为此，他深受晋平公的器重。晋平公有什么难办的事都找祁黄羊商量。

有一天，南阳县来人报告说，县令突然去世，望大王派个能干、可靠的人去。于是，晋平公便找来祁黄羊，对他说："南阳县很重要，我想了很久也没想出个合适的人选，你帮我推荐一个人当南阳县令，这个人要能干可靠啊。"

祁黄羊沉吟了片刻，回答说："我看解狐可以担当此任。"

晋平公一听齐黄羊推荐的人是解狐，很是不解，因为他知道解狐跟祁黄羊之间一直存在着很深的仇怨。现在祁黄羊居

然要推荐一个仇人去担任南阳县令这样重要的职务，是不是年老糊涂了？于是，他问："解狐不是你的仇人吗？"

"是的，大王。不过您问的，是由谁来担任南阳县令比较合适，而不是问谁是我的仇人。"祁黄羊照实回答，他认为，选拔人才要实事求是，要以国家利益为重，而不能因为解狐是自己的仇人，就埋没人才。

晋平公连连点头，从心底里钦佩祁黄羊的高尚品格。于是，便任命解狐当了南阳县令。

解狐上任后，果然替人民做了许多好事，深受当地老百姓的欢迎。

又过了一段时间，晋国要安排一位懂军事的人来担任尉职军事长官，讨论再三，晋平公还是举棋不定。于是，他又去问祁黄羊："你看谁可以担任这个职务？"

祁黄羊回答道："我认为祁午可以担任这个职务。"

晋平公又感到疑惑不解了，谁都知道祁午是祁黄羊的儿子，推荐自己的儿子做官，这不是明摆着徇私吗？他故意问祁黄羊："祁午不是你的儿子吗？"

"是的，大王。不过您问的，是谁能担任尉职军事长官，又不是问谁是我的儿子呀！"祁黄羊笑着说。

晋平公还是不解："上次你推荐仇人解狐去做南阳县令，人家会钦佩你任人唯贤；

这次你推荐自己的儿子做官，难道不怕惹人非议，说你任人唯亲吗？"

祁黄羊说："我认为我的儿子有管理军事的能力，所以就把他推荐出来，为国家效力。至于人家非议，嘴巴长在别人脸上，我也管不着。只要我行得正、坐得端，大家会理解的。"

晋平公听了这番话，对祁黄羊佩服极了，当即任命祁午担任了尉职军事长官的职务。祁午也没有辜负父亲对他的信任，工作非常称职，得到老百姓的普遍拥戴。

后来，孔子知道了这件事，对祁黄羊大加赞赏："祁黄羊推荐贤才不避亲仇，真称得上大公无私的典范啊！"

《史记·晋世家》

本篇成语解释：

1.【不偏不倚】原指儒家折中调和的"中庸之道"。现指不偏向任何一方。亦形容不偏不歪，恰恰命中。

2.【举棋不定】拿起棋子不能决定怎样下。比喻做事犹豫不决。

3.【任人唯贤】只凭德才来任用人。

心底无私天地宽。《左传》有言："君子之言，信而有规，故怨远于其身。"

威王审官

　　齐威王，战国时齐国国君，公元前356年——公元前320年在位，善于任用贤才，并广置学校，招揽学者，任其讲学议论。在位期间，齐国国力渐强。

　　齐国是战国时期的一个大国，传至齐威王时，官吏贪污受贿现象特别严重。他们串通一气，相互勾结，对于那些不愿意同流合污的官员进行打击，齐国国力就此逐渐衰落下去。齐威王即位以后，耳朵听到的，眼睛看到的，都使他心里非常愤慨，他下决心要狠狠地打击那些不忠不信的污吏。

　　有一天上朝，他为了了解各地方官的表现，便问众大臣："你们说，在如今这么多地方官员中，哪个最好？哪个最差？"

　　好多大臣听了齐威王的问话，都异口同声地回答说："最好的地方官是掌管阿城（位于山东阳公县一带）的阿大夫，最差的地方官是掌管即墨城（位于今山东平度县一带）的即墨大夫。"

齐威王听了非常奇怪，心想："为什么这么多的大臣说阿大夫好而说即墨大夫差呢？这其中必定有原因。"

为了弄清事情的真相，齐威王下朝后立刻派了好几个心腹去阿城和即墨城调查情况。

过了几天，被派去调查情况的心腹回来了。他们在齐威王耳边叽哩咕噜地讲了好半天，齐威王越听越生气，"啪"地一下将桌子一拍："我一定不会饶过这些不忠不信的狗官！"

第二天，齐威王把各地方官以及众大臣一起召到大殿上，并叫人在殿上放了一口大锅，锅底加柴烧火，不一会儿，锅里的水就咕咕地响起来了。众大臣看到这架势，心想：即墨大夫要倒霉了。

齐威王把即墨大夫叫到跟前，问道："你自己评价一下，即墨城在你的管理下怎么样啊？"即墨大夫跪在地上诚惶诚恐地回答说："臣自从到了即墨城以后，虽然干了一些力所能及的实事，但是由于本人能力有限，还没有能将即墨城真正治理好。"即墨大夫老老实实地谈了自己工作中的许多不足之处，并恳求齐威王："请大王以臣为例，严加惩处！"

许多好心的大臣对即墨大夫很担心，希望即墨大夫为自己辩解一下，没想他还自我检讨了一番，心想："即墨大夫，你可死定喽！"

"好！讲得非常好！"齐威王从宝座上走了下来，脸上笑盈盈的。

在场的大臣都惊呆了，就连即墨大夫也惊讶得抬起头来，注视着

曹端：一诚足以消万伪。

意思是：一个诚实的行为足以消解千万种虚伪。

齐威王。

　　齐威王没理会众人的惊讶,接着说:"前段时间,许多大臣都说你是诸多地方官中最差的一个,可是我派人下去一查,却发现即墨城里的百姓丰衣足食,逢人便说即墨大夫是个好官、清官。你唯一没有认识到的'错误',就是你没有花钱来买通朝中大臣,请他们为你说上几句好话!像你这样的人,难得呀!"说着,伸手将即墨大夫扶了起来。

　　"可是,阿大夫,你呢?"齐威王一转身,指着阿大夫厉声说道。

　　"臣知罪,请大王饶命!"阿大夫慌得直磕头。

　　"你把阿城搞得土地荒芜、百姓挨饿,而你却整天吃喝玩乐,搜刮钱财,花钱买通朝中大臣,不惩处你这种败类,怎能振兴我齐国?"说完,命令武士将阿大夫扔进了已煮得沸腾的那锅水里。不一会儿,阿大夫的惨叫声就没有了。接着,齐威王又下令将那几个受阿大夫贿赂的大臣也扔进大锅里了。

　　此事在齐国引起巨大震动,经过齐威王这次整顿,齐国渐渐地强盛起来了。

《史记·齐世家》

本篇成语解释:

　　1.【异口同声】很多人说同样的话。

　　2.【诚惶诚恐】惶:害怕。形容小心谨慎,极为害怕不安的样子。

　　3.【丰衣足食】服饰丰厚,食物充足。形容生活宽裕。

董狐直笔

董狐，春秋时期晋国史官，亦称"史狐"，有"良史"美誉。

晋灵公是春秋时期的一个昏君，他拼命地搜刮晋国老百姓的钱财，修建豪华的宫殿，整天花天酒地，不务正业。而且他有个怪癖，喜欢站在高台，用弹弓往下射人取乐。灵公的脾气非常暴躁，有一次仅仅因为厨师没将熊掌煮熟，他竟一怒之下杀了厨师。

晋国的国卿赵盾，看到晋灵公这样残暴无度，心中十分着急，多次劝阻灵公。灵公不仅不听，反而怀恨在心，想除掉赵盾。他假装摆下酒宴请赵盾喝酒。席间，早已埋伏好的士兵蜂拥而出，刺杀赵盾，赵盾拼着老命才逃了出来。

后来，赵盾的亲族杀了灵公，另立了新君，并把在晋国边境避难的赵盾迎了回来，恢复了他的国卿地位。赵盾自以为国杀了昏君，有功于民，就有点儿飘飘然了。

当时诸侯国都有史官，他们负责如实记录当时国家发生的大事。晋国的史官名叫董狐，在写了晋灵公种种劣迹之后，又加上了一句"赵盾杀了国君"，然后，便把自己所写的东西交给了赵盾。臣子杀君主，在封建社会里是大逆不道的事情，如果被记录在史册上，就会背上千古骂名。果然，赵盾看了后面的几个字，就觉得如芒在背，

很不舒服，脸上虽然没有表露出来，可心里却极为恼怒：灵公又不是我亲手杀的，怎么能在史册上这样记呢？况且，我身居国卿，这不是叫我下不了台吗？董狐即便老了，也不会老得连这点也搞不清楚吧！

于是，赵盾便叫来董狐。董狐一听赵盾召见，便知道是怎么一回事了，他一点儿也不慌张，面色镇定，从容地随着使者到了赵盾的官邸。见到董狐，赵盾还是很有礼貌地请董狐落座并吩咐上茶，强压着怒火说："先生写的东西，我看了，前面写的是实话，但后面的似乎不合史实呀！"赵盾等董狐坐下，便话中带刺地问董狐。

董狐不慌不忙地说："赵将军，晋灵公昏庸残暴，国人有目共睹，是史实；您直言相劝，反遭暗害，也是史实；您逃到边境，流浪在外，在同族的人帮助下杀了灵公，重新当上了国卿，这还是史实呀！"

赵盾听了，觉得很在理，但又不甘心因此背上骂名，便又问道："可灵公不是我杀的，为何你在史书上却写上赵盾杀了国君呢？"

董狐依然神态镇定："是赵穿亲手杀了国君，但他是您的亲族，而且是为您报仇才杀了灵公的，这和您亲手杀了国君又有什么区别呢？"

赵盾再也没有话说了，只得叹了口气说："唉，你说得没错，要怪就怪我自己了，只是希望后世的人能理解我啊！"

孔子听说这件事后，评论道："董狐真是个诚实、刚正的史官呐！历史是什么样，他就怎么写，不隐瞒、不篡改，这才是真正的历史！赵盾也不错，只是因为碰上董狐这样刚直的史官，才留下一个杀君的名声。假如赵盾是逃出晋国后又回来当国卿的,情况也许就不同了。"

自此以后,董狐的名字就成了敢于秉笔直书、如实记录历史的象征。

《史记·晋世家》

本篇成语解释:

1.【大逆不道】多指犯上谋反等反叛行为。
2.【不慌不忙】形容说话和行动从容不迫。
3.【秉笔直书】秉:握。意思是书写史实不隐讳。

中国古代哲学家认为,诚信是人的修身之本,也是一切事业得以成功的保证。"学者不可以不诚,不诚无以为善,不诚无以为君子。修学不以诚,则学杂;为事不以诚,则事败。"说明诚对于做人、做事是何等的重要!

诚信是古代史官必备的优良品德,也是其职业道德。这样才能做到尊重历史,对历史负责。

实事求是

孔子，名丘，字仲尼，儒家学派的创始人。是我国著名的思想家、政治家、教育家。后人将他的平时言论辑为《论语》。

大家都知道孔子是个很有学问的人。他小时候家里很穷，但他喜欢学习，后来成了大学问家，有很多人拜他为师。相传他的弟子有三千人，可他依然很谦虚，常说"三人行，必有我师。"意思就是说，在街上走过的三个人中，必定有一个可以作为我的老师。你看，孔子多谦虚呀！不仅如此，孔子还非常诚实。

有一次，孔子带着两个弟子去卫国讲学。那时候可不像现在，有飞机、有火车、有轮船，一会儿就到了。那时候出门特别困难，只能坐马车前行。走了几天，孔子和他的两个弟子都疲惫不堪了，又值夏天，天热难耐，马也累得直喘粗气。孔子看了看身边的两个弟子，头发和衣服都沾满了灰尘，歪靠在车上，一副没精打采的样子。望着远方的落日、红红的云霞和与之辉映、袅袅上升的炊烟，孔子将两个人一拍："起来呀，今天我们就在前面那个村子歇息，明天再赶路吧。"听到这

话，两弟子腾地挺直了腰杆，相互眨了眨眼，高兴地笑了。马儿也似乎跑得快了。

当晚，他们就借宿在一位姓高的农民家里。姓高的农民见来者是大学问家孔子，特别高兴，做了丰盛的饭菜给他们吃。孔子吃完了，就和那个高姓农民聊天，聊着聊着，孔子就被这位农民的双胞胎儿子的争论吸引住了。

高小二、高小三只有七岁，却聪明伶俐。只听小辫往左梳的高小二说："太阳升起来时很大，像个车盖，但到了中午却只像个盛饭的碗，那当然是早上太阳离我们近，中午离我们远了。小三，不对吗？"

小辫往右梳的小三不说话。高小二正要转身向他爹"报喜"，高小三一把拉住他，一脸严肃地对他说："不对，太阳升起来虽然大如车盖，但天气凉得很舒服，中午太阳虽然小如饭碗，但我们感觉到特别热。同样一个太阳，当然只有远的时候我们感到凉爽，近的时候才会感到热。爹，我说得对吗？"一口气说了这么多话，高小三的脸上沁出了一层汗珠。

他们的爹是个憨厚的农民，没多少文化，也不知道这太阳什么时候离我们近，什么时候离我们远。他望了望两个儿子，又望了望孔子，说："大学问家孔子就在身边，这个问题可以去问他呀！"

高小二、高小三两人异口同声地问孔子："先生，您说说看，到底谁说得对呀？"

孔子只是觉得两个小孩长得虎头虎脑,辩得很有趣,没想到要去判定谁对谁错。当然,孔子知道的自然会说,可这个问题,孔子确实不知道,没办法,孔子只好不好意思地摇了摇头。

"您也不知道?"两个小孩同他老爸相互看了看,孔子的两个弟子也面面相觑。

"是的,我真不知道。"

两个小孩指着孔子的白胡子,说:"先生这么大的年纪,学问又那么多,怎么会不知道呢?"

"我确实不知道,知道就说知道,不知道就应该说不知道,这才是诚实的态度啊!"

第二天,孔子又上路了,望着前面笔直的大道,他略有所思:知识就像是前面的大道,是没有止境的呀!

《论语》

本 篇 成 语 解 释 :

1.【没精打采】情绪低落,精神萎靡不振。

2.【面面相觑】觑:看。你看我,我看你,形容大家惊惧或束手无策的样子。

知之为知之,不知为不知。这也是诚信的表现。

言而无信

张仪，战国时期魏国贵族的后代。曾任秦国相国(相当于丞相之职)，被封武信君，以能言善辩著称。后任魏国相国。

战国时期，有一批政客，专门靠一张嘴巴来游说诸侯，骗取高官厚禄。他们上了台，也不讲什么信义，就靠欺诈蒙骗混日子。魏国人张仪就是这样一个政客。

张仪年轻时，钻研的就是游说诸侯的一套本领，他常常对人说："只要我舌头还在，富贵荣华就在前面等着我！"

后来，张仪到了秦国，果然凭他这张嘴当上了秦国的相国。

当时其他六个国家正想联合起来对付秦国，秦王当然不甘心，想首先拆散他们中的齐楚联盟，便和张仪商量。张仪把胸脯一拍，说："这还不容易？我去一趟楚国，事情就成了！"秦王知道他鬼点子多，便派他出使楚国。

当时楚国当政的是楚怀王，他是个糊涂虫，以上宾的礼节来接待张仪。宴席当中，楚怀王便问："张先生到我们这偏僻的小国来，有什么指教呢？"

张仪眨巴眨巴眼睛，神秘地对怀王说："我给大王送六百里土地来啦！"

怀王不解地问："秦国怎么会平白无故送我六百里土地呢？"

张仪又笑了一下，低声说："秦王派我来，想请大王和齐国取消盟约，不相往来。如果大王答应的话，我们秦国愿把商、於这两个地方最肥沃的六百里土地给楚国，怎么样？"

楚怀王一听，便动了心，因为他早就听说商、於这六百里地是秦国最肥沃最富有的地方，如果给了楚国，那可真是天大的好事啊。于是他立刻答应了。

这件事遭到几个大臣的反对，他们都说张仪是毫无信义的家伙，楚国不能上他的当。可楚怀王一点儿都听不进去，马上宣布和齐国断交，并派使者去秦国办理六百里土地的移交手续。

张仪回秦国时假装不小心从车上跌落下来，到了秦国都城咸阳，就回家养伤去了，一连三个月不上朝。楚国的使臣找张仪，张仪推说伤未好，不便接见客人，求见秦王，秦王也推托不见。到最后，楚国使臣总算见到了张仪，谈到土地的问题，张仪装出很吃惊的样子，说："你怎么还没有拿到土地回国？"

楚国使臣说："秦王说要等你伤好再讲。"

张仪说："我有秦王赏赐给我的土地六里，自愿献给楚王，这点儿小事也用得着告诉秦王吗？"

楚国使臣慌了，说："我奉楚王的使命，前来接受商、於六百里土地，可不是六里啊！"

张仪说："楚王听错了吧？秦国的土地是辛辛苦苦打仗得来的，一尺一寸都不能随便给人的，怎么能给楚国，何况是六百里呢？"

楚国使臣马上回国报告楚怀王，楚怀王非常生气，知道上了张仪的当，立刻发兵攻打秦国。秦国和与楚国取消了盟约

已诺不信则兵弱。——《荀子·富国》

的齐国联合作战,一下子消灭了八万楚军,夺取了楚国不少土地。楚国又派更多的军队去打秦国,结果又被打败了,最后只好割地求和。

《史记·张仪列传》

本 篇 成 语 解 释:

1.【平白无故】平白:凭空。指无缘无故。
2.【高官厚禄】官位高贵,俸禄优厚。

无诚信无以治国,无诚信无以兴邦。秦国的商鞅"徒木立信"就是个再恰当不过的例子。假如他没有得到人民的信任,那他的新法就无法取得人民的支持。假如没有人民的支持,那他的变法就无法成功。所以,说到底他的成功还是建立在信誉上的。

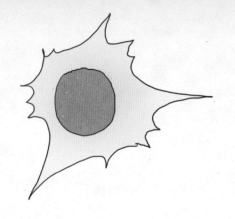

立木取信

商鞅，卫国人，亦称卫鞅，是中国古代著名的政治改革家。在秦主持变法，官至大良造（秦当时最高官职，掌管军政大权）。秦孝公死后，被贵族诬害，车裂而死。

商鞅少年时就非常喜好法律，常常翻来覆去地看前人关于法律的书，等到他长大成人时，已经是个有治国之才的人了。

当时，处于战国中期，各路诸侯都想富国强兵，都兴起了"变法"的热潮，像商鞅这样的治国能人特别受欢迎。商鞅先到了魏国，可当时的魏王没有变法的意思，于是商鞅又往西到了秦国。

这时秦国的国君秦孝公也正在寻找能人治国，意图恢复先祖的霸业。商鞅见到了秦孝公，将自己变法强国的办法讲给孝公听。孝公听得非常入迷，不知不觉与商鞅越坐越近。听完，秦孝公决定任命商鞅为左庶长，主持秦国变法。

但是变法不是轻而易举的事，秦国的一些贵族知道变法

会损害他们的特权，所以千方百计阻挠变法，老百姓也不明白变法是怎么一回事，更不相信真的会变法。面对这可想而知的困难，商鞅并没有被吓倒，明知山有虎，偏向虎山行。商鞅心想：要想使变法成功，首先就要取得老百姓的信任，从而在全国兴起一种诚实、信法、守法的风气，这样才能从根本上保证变法的成功。于是，他在颁布变法令之前，想出了一个取得老百姓信任的好办法。

这天清晨，商鞅派人在咸阳城的南门竖起了一根三丈高的大木柱，并在南门城墙上贴出告示，声称：要是谁能把这根木头扛到北门，朝廷就赏给他十两黄金。这一消息立刻在京城引起了轰动，人们从四面八方蜂拥而至，到南门来看这根木头到底有什么奇特之处，把木头从南门搬到北门到底是不是真的有好处，朝廷利用这事究竟想考查什么？

人们熙熙攘攘，围在木柱的四周，七嘴八舌地议论着。有几个胆大的问守护木柱的武士："为什么要花十两黄金去搬一根并不粗壮的木头呢？"武士笑一笑，也不回答。

到了日落时分，也没有人出来去搬那根木头，十两黄金自然也没人领去。

第二天，商鞅又派人在南门挂出新告示，声称：如果有谁能将大木柱扛到北门，朝廷赏金增加到五倍。五倍就是五十两啊！这下围观的人更多了，这时候从人群中挤出一个背上别着一把斧子的樵夫，粗声粗气地对武士说："俺就不信，搬个木头就能把俺怎么样！"说着，很轻松地扛起木头就向北门走去，围观的人紧随着樵夫都想看个究竟。

信的事！要使人信服，首先必须做能让自己建立诚

没多久，樵夫扛着木头到了北门。在那儿等候多时的商鞅立刻叫手下给了他五十两黄金。围观的人都叽叽喳喳地议论起来。

这个说："哎呀，我真后悔，早知如此，我就去搬那根木头了。"

那个说："看来这次国君是要动真格的了。说话算话，言而有信，真不错。"

商鞅等大家安静下来以后，当众宣布："为了使咱们的国家强大起来，我受大王的委托，推行新法。今后，只要是按新法办事，都有重赏，可要是谁胆敢违抗法令，我定斩不饶。"

商鞅立木取信的行动在全国上下引起很大震动，它不但为朝廷树立了言而有信、说到做到的形象，而且为变法的顺利实施打下了牢固的基础。

《史记.商鞅列传》

本 篇 成 语 解 释：

1.【千方百计】想尽一切办法。
2.【熙熙攘攘】形容人来人往，非常热闹。
3.【七嘴八舌】形容人多嘴杂，纷纷议论的样子。

千金市骨

　　燕昭王，名职，战国时燕王哙之子，公元前312年—公元前279年在位。在位期间是燕国历史上最强盛的时期。

　　公元前311年初夏的一天晚上，暑气还未全部散去，知了在树枝上"热死了、热死了"地叫着。月亮透过婆娑的树影洒下一片斑驳的清辉。

　　这时候，燕国王宫后花园沉重的朱漆大门"吱呀吱呀"地打开了，这声音在宁静的后花园显得格外清晰，两列宫女打着灯笼迈着碎步鱼贯而入，最后走进一位青年。他身材不高，但体态匀称，近弱冠之年，眉宇之间隐藏着一股难以挥散的凝重之气，这就是燕国新的君主——燕昭王。

　　燕昭王走进花园的凉亭，不禁轻轻地叹了一口气。想当年父王因过于相信相国子之，国家大权几乎全被子之夺去。当自己向齐国借兵时，齐泯王假意称国小力薄，不予帮助，后来竟然趁燕国内乱，率领齐军大举侵犯燕国，父王战死，燕国也被割去大批领土。可恨呐！可恨！想到这里，他不禁闭上眼，这些往事就好像就发生在昨天一样，历历在目。国仇家恨集于一身，这个仇一定要报！他握紧拳头暗暗发誓。

可要振兴燕国，谈何容易。由于内乱、战乱不已，百姓恐惧，百官离心，贤能之士躲都来不及，怎么会到燕这个地方来呢？

"大王，郭傀先生到了。"随从的话让昭王从沉思中醒过神来。

他急步上前，拉住站在随从旁边正在施礼的白胡子老头的手，说："郭先生，不必拘礼，我有急事请教郭先生！"

这郭傀可不是寻常人，他是先王的老臣，跟随先王多年，忠心耿耿。昭王一遇到烦恼的事，都会找郭傀商量。

"先生，你也明白，"昭王等郭傀就坐，神色凝重地说，"齐国乘乱偷袭我国，父王战死，割地千里。这个国仇家恨我一定要报，我深知燕国现在最需要贤能之士，先生，能否为我推荐几个，好让我亲自去邀请他？"

郭傀将茶杯放在桌上，捋了捋白胡子，对昭王说："我先跟大王讲个故事吧。从前，有个国君想买一匹千里马，经过三年都没有买到，他有个随从就说：'大王，让我去买吧，我一定办到！'于是，这位国君就让这位随从带一千两黄金去买千里马，过了三日，果然发现了一匹好马，但可惜的是，马突然死了。随从于是用五百两金子买下死马的骨头回来。国君大怒：'我要的是活的千里马，你却以死马的骨头来敷衍我，该当何罪？'随从不慌不忙地回答：'大王，您以五百两金买下千里马的骨头，那么那些有千里马

-46-

的人不就马上会给您进献吗？'果然，不到一年，国君就有好几匹名马了。"

郭傀讲完故事，端起茶杯喝了一口茶，瞟了昭王一眼，昭王正在琢磨。郭傀又说："如果大王想求取贤才的话，就把我郭傀当成那五百金的马骨头吧。"

昭王抬起头，若有所思地点了点头。

第二天，昭王就下令让郭傀担任更高的官职，并且以老师的礼节对待他。

事情传出，许多仁人智士、贤才名将认为，燕昭王连郭傀这样的人都重用了，自己去肯定会受到器重。所以像魏国大将乐毅、齐国的雄辩家邹衍、赵国的策士剧辛均来投奔燕国，一时能人云集。昭王在这些人的帮助下励精图治，后来终于打败了齐国，收复了失地，报了国仇家恨。

《史记·燕世家》

本篇成语解释：

1.【鱼贯而入】如鱼头尾相接般连续进入。

2.【历历在目】历历：清楚、分明。清楚地展现出来。

3.【励精图治】图：谋求。振奋精神，力求治理好国家。

> 燕昭王千金市骨的决心让大家看到了他的诚信，于是仁人义士、贤才名将都投奔于他。可见，政府需要诚信，唯有讲求诚信的政府才能招贤纳士，培养更多的栋梁之才，同时百姓也能安居乐业。

执 法 立 信

田穰苴，春秋时齐国人，官至司马（一国掌管军政的长官），后人亦称司马穰苴，精通兵法，战国时齐人整理有《司马穰苴兵法》。

齐景公时，燕国和晋国联合起来攻打齐国。齐景公听说有一个叫田穰苴的人精通兵法，挺能带兵打仗，便把田穰苴召来，跟他谈论军事，发现他确实挺能干，决定拜他为大将，让他领兵去抵抗燕军和晋军。

田穰苴却站起身来，对齐景公说："大王瞧得起我，我深感荣幸，但我出身低微，是个平民，如果您拜我为大将军，手下的人肯定不会服我，天下的老百姓也不会相信我的。您如果派一位有威望的大臣来做监军，那就好了。"

齐景公一想，觉得有理，就说："这个好办。"

说罢，便委派自己宠幸的一个名叫庄贾的大臣去做监军。庄贾瞧了一眼还未换大将军服装、衣衫破破烂烂的田穰苴，很轻蔑地"哼"了一声。

离开宫殿时，田穰苴对庄贾说："明天正午大军营检阅部队，同时宣告号令规章，望监军按时到达！"

庄贾心想："不就是当

个将军吗，摆什么谱啊！"鼻子里"嗯"了一声，拂袖而去。

第二天，军营里旗帜招展，盔甲鲜明，刀剑闪亮，田穰苴提前赶到军营，将一切准备工作做好后，单等监军庄贾一个人。

很快，观察时间的士兵赶来报告："将军，正午到了！"

田穰苴下意识地向营门看了看，过了好久，庄贾才慢吞吞地赶到军营。

田穰苴问道："庄监军为何不遵约定，到这时才来？"

庄贾满不在乎地说："亲戚朋友听说我随军出征，特来送行，多喝了几杯，所以来迟了。"

田穰苴"腾"地站了起来，严肃地说："大将接受了任务，就应该以国事为重。如今敌军已深入国境，国内民心不安，大王叫你我领兵抵抗，还有心思饮酒作乐？"

回过头，问军法官："按照军法，不按照约定时间集合者，该当何罪？"

军法官回答："依法当斩！"

庄贾一听，田穰苴来真格的了，脸刷地一下全变白了，连忙派人向齐景公求救。

未等使者回来，田穰苴就下令将庄贾斩了。三军将士见监军被斩，顿时全场鸦雀无声。

不一会儿，齐景公派使者直闯军营来救庄贾，田穰苴对使者说："将在外，君命有所不受，庄贾不守军令，已依法斩了。"

又转过身来，问军法官："按照军法，擅闯军营，该当何罪？"

军法官回答："依法当斩！"

使者跪在地上直求饶。

田穰苴又说："军令如山，但你是国君的使臣，可从轻发落！"

于是下令把使者车子左边的木柱砍掉，又把拉车的三匹马杀了一匹，传令三军，作为对使者的处罚。使者最后乘着只有两匹马的破车回去向齐景公报告去了。

晋燕两国听说田穰苴严于军纪，治军有方，还没有交战，便撤兵了，齐国便收复了全部被侵占去的土地。

《史记·司马穰苴列传》

本篇成语解释：

1.【拂袖而去】拂袖：甩衣袖，表示生气。因言语不合或不如意而离去。

2.【鸦雀无声】形容寂静无声。

3.【军令如山】军事命令极为严肃，像山一样不可动摇，必须贯彻执行。

若自己丧失信用，背弃邻国，遇到祸患有谁会帮助自己？失去了信用，一旦祸患发生，没有人来支援自己，就必定会灭亡。重诺守信是十分重要的。对别人许下诺言，就须认真对待，对自己的承诺负责，切勿掉以轻心，失信于人。

守信不爽

范式，东汉山阳金乡（今山东济宁金乡县）人，官至庐江太守（地方行政长官），有威名。

一个天气晴朗的秋日，太阳刚刚露出笑脸，田野里散发着泥土和青草的气息，远处的青山开始露出了轮廓，小鸟叽叽喳喳地叫着，从这棵树跳到另一棵树，四周格外宁静。

这时，从大道上传来一阵响亮的马蹄声，一辆马车从远方疾驰而来。车里坐着一位年轻人，面目白净，眼睛不大，但显得很有精神，这就是后汉时期的举人范式。范式望着眼前掠过的金色的麦浪，思绪又回到两年前的京城洛阳。

那时，范式在洛阳的官办学府学习，不多时，便结识了来自河南的张劭，两人虽然来自不同地方，性格也不尽相同，但兴趣相投，非常赏识对方，没多久就成了好朋友，一同去书馆里看书，一同探讨问题，两个人都非常珍惜这份难得的友情。

可转眼之间，一年过去了，学业结束，范式和张劭都要回自己的家乡。分手的前一天晚上，范式和张劭饮酒告别，共叙不舍之意。范式满眼含着泪花，紧紧握住张劭的手说："张兄，不要难过，我两年后还会到洛阳来的，到时候经过你的家乡，我

所谓「信」，就是无「伪」的意思。既不说假话，亦不做假事；既不自欺，亦不欺人。一切言行皆以诚实为本，排除一切虚伪。

一定会到你家去拜望老夫人，看望嫂夫人和你的孩子，我们再一醉方休！"说完，一仰脖把杯中的酒一饮而尽。

张劭也泪光点点说不出话来，只是紧紧握着范式的手，将杯中的酒全部饮尽。两人相约，两年后张劭的生日为重逢的日期。最后，两人挥泪而别。

"驾——"车夫的一声吆喝打断了范式的回忆。范式望了望日头，快近正午了，忙对车夫说："快点儿，不然就会迟到了！"

车夫挥起鞭"刷"地抽了马一鞭，回过头对范式说："公子，不要着急，赶得上的。"

这时候，张劭正在家里杀猪宰鹅，忙个不停。她母亲一边揭开锅盖，看看锅里的菜热了没有，一边嘴里嘟嚷着："这都是两年前的事了，又是在千里之外的京城约定的，他还会记得吗？"

"妈，他会记得的。"张劭将宰好的鹅放在盘子上，很有信心地对母亲说，"范式是个一言九鼎的君子，他一定会如约而来的，何况这还未到正午呢。"

"如果真是这样的话，当然最好了，"张劭母亲尝了一口菜，说，"我不但要准备最好的菜，而且亲自替你们温酒！"说完，母子俩相视而笑。

眼看日近中午，张劭也有点儿沉不气了。他正要向门外走去，他的小儿子急急忙忙地跑了进来，气喘吁吁地说："爹爹，爹爹，来了，来了！"

张劭一脚跨出门槛,和汗流浃背的范式紧紧拥抱在一起,分手两年多的挚友终于重逢了!

整洁宽敞的客厅里,好吃的菜肴摆了一大桌子,美酒散发出醉人的香气。范式和张劭举杯畅饮,谈笑风生,沉浸在重逢的喜悦之中。张劭的母亲见儿子结交了这么一位守信的朋友,心里别提有多高兴了,忙着给他们添酒加菜。

范式在张劭家度过了一段难忘美好的时光,又要启程了。两个好朋友在路边依依惜别,马车载着范式,也载着好朋友浓浓的友情和绵绵的思念向洛阳城驶去。

《后汉书·范式传》

本篇成语解释:

1.【一言九鼎】九鼎:古代国家的宝器。形容说话有分量。

2.【汗流浃背】浃:湿透。汗流得湿透了背上的衣服。形容满身大汗的样子。

3.【谈笑风生】风生:形容谈话时兴致很高,气氛活跃。谈话很有兴致,并很活泼有趣。

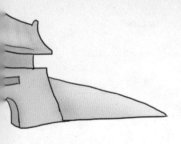

竹马之期

郭伋，东汉初期扶风茂陵（今陕西兴平东北）人，字细侯。官至左冯翊（一郡之军政长官）。为东汉初期北方稳定立下了汗马功劳。

东汉初年，有个叫郭伋的官员，既能安抚百姓，又能打仗，很受光武帝的器重。

公元29年，郭伋出任渔阳太守。当时土匪横行，搞得渔阳这个地方极不太平。郭伋到任后，将几个土匪头子捉来杀了，渔阳顿时恢复了往日的安宁。郭伋在渔阳做了五年太守，那里的人民生活水平不断提高，人口增加了一倍。

光武帝见郭伋这么能干，就又调他到并州做太守。当时并州有土匪与匈奴勾结，经常危害百姓，当地老百姓听说郭伋要到并州做地方官，都非常高兴。

郭伋在并州，每到一县，就向百姓嘘寒问暖，了解民间的疾苦。他还拜访一些德高望重的老人，请他们帮助处理政事。并州百姓扶老携幼，沿途迎接，都希望郭伋能到他们的家乡去。

有一天，郭伋到西河美稷（今内蒙古准格尔旗西北）去。城

里的儿童听大人议论郭伋要到了，就悄悄地聚集在一起，议论开来。

有个梳着小辫的"大眼睛"说："听我爹说，郭公很了不起，专门捉坏人，是个好官，今天他到我们这里来，我们怎么去迎接他呢？"

旁边有个小不点儿，习惯性用手地擦了一下快要流下来的鼻涕，说："这还不容易，跟着爹娘后面去欢迎郭公呗！"

"这一点儿都不稀奇，我们这次欢迎郭公要来点儿新鲜的，来表达我们对郭公的欢迎！"另外一个孩子马上反驳说。

大家都点了点头，陷入沉思当中。

突然，那个"大眼睛"兴奋地说："有了！"

其他小孩子齐声问道："什么好主意？"

"大眼睛"拿起手中的短竿说："我们联络全城的小孩，都骑着竹马（古代儿童的一种游戏，将竹竿放在两腿间，便算做骑竹马了），排着队，到人群的前面去欢迎郭公！"大家一听，都高兴地跳了起来。

下午，郭伋骑着一匹马、带着几个随从来到了西河美稷，刚到城边，忽然几百个儿童排成两排整齐的队伍，骑着竹马，夹道欢迎郭伋。

为首的那个"大眼睛"学着大人的样子对郭伋拱了拱手，大声说："西河美稷群童欢迎郭公！"

郭伋见了格外高兴，连忙下马，摸了摸"大眼睛"的头，说："孩子们，你们搞得这么隆重，我可不敢当啊！"

"大眼睛"仰着头，说："听说郭公要来打土匪，我们都非常高兴，所以特地前来迎接郭公进城。"

这时，美稷城的百姓也纷纷出城

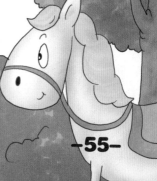

来迎接郭伋了，郭伋只好对小孩们说："你们回去吧，下次我们再聊！"

郭伋在美稷视察半日，又要到下一个地方去了。那帮小孩又骑着竹马，赶来送行。送到城外，问郭伋："您什么时候还经过这儿啊？我们再来这里迎接您。"

郭伋打心里喜欢上了这帮小孩，便把回来的日期告诉了他们，孩子们才骑着竹马回去了。

郭伋办完事，比预计回西河美稷的日程提早了一天，他想起和孩子们的竹马之期，于是对随从说："我和那群小孩约好了明天在城外见面，可不能对他们失信，我们就在美稷城外住一夜再进城。"

这样，郭伋就在城外的一座亭子里过了一夜。第二天，那帮小孩果然到城外来迎接了。

美稷百姓知道了这件事，都称赞郭伋："郭伋真是说话算话，对儿童都不失信，这样的官员，真是少见。"

由于郭伋深受百姓欢迎，士兵与人民团结一致对付土匪，并州的土匪很快就被赶跑了。

《后汉书·郭伋传》

本篇成语解释：

1.【汗马功劳】汗马：战马奔驰出汗。指战争中立下的功绩。

2.【德高望重】道德高，声望重。多用以称颂高年而有名望的人。

3.【扶老携幼】搀着老人，领着小孩。形容民众成群结队而行。

过午不候

陈寔,东汉颍川许县(今河南许昌东)人,字仲弓。初为县吏,曾入太学就读,后任太丘县县官之职。

陈寔从小就受到良好的教育,长大以后做官也非常清廉,深受百姓爱戴。同时他对朋友也相当好,朋友都评价他是个严守信约、值得信赖的人。

陈寔的这种品格也感染、熏陶着他的下一代。

陈寔任亳州地区太丘县的地方长官时,有一次,他和一位同事约好中午一起去办事。

这天早上,陈寔很早就起床了,将家里各种事情处理完后,单单等着那位同事的到来。时间一分一秒地过去,日头渐渐升高,眼看着快到正午了,可同事还没有来。陈寔有点儿坐不住了,心神不宁地在屋里踱起步来。这位老兄怎么回事呀,约好时间,怎么还不来?今天要办的事可是非常紧急呀!

这时,一个小孩拿着一支风筝蹦蹦跳跳地跑了进来,他圆头圆脑,满脸稚气,十分可爱。这就是陈寔最喜欢的大儿子元方。

元方见爹没有像往常

一样面色和蔼地问他话，逗他玩，就仰着圆脸问道："爹，你在想什么呀？"

陈寔见是元方，叹了口气说："爹和一个人约好中午一起出去办事，可这个人现在还没有来，爹心里很着急呀！"

"这个人真不守信用，没出息！"元方嘟着嘴，用大人的口气说道。

陈寔望着元方那还带着稚气的大人模样，不禁笑了。

过了正午，陈寔不能再等下去了，交待了元方几句，便走了。

到了下午，元方正在院外大树底下看书，忽然听到有人问他："小朋友，你父亲在家吗？"

元方抬起头，见是一位官员站在门外，忙站起来，礼貌地回答道："我父亲出去办事了，请问阁下是谁？"

没等元方讲完，那个人就愤愤不平地骂起来："你父亲怎么这么不守信用？说好了一起去的，怎么一个人先走了呢？人人都说陈寔是个守信的人，我看只是谣传罢了。"

元方从来没有见过这么不讲道理的人，也叫道："我父亲是守信用的人，他已经等了你几个小时。"

那个人一听，这个小孩还敢对大人顶嘴，于是强词夺理地说："你父亲和我约好一起走，现在他一个人走了，不是不讲信用还是什么？"

元方口齿伶俐地回击："你和我父亲约好中午一起走，你中午未到，明明是你失信在先，怎么能怪我父亲失信？你不

—58—

守信用,反说别人不讲信用!"

　　那人一下子没话可讲了,心想:这小孩还挺厉害的,说得句句在理。最后,那个人不得不向元方认错,请元方向陈寔转达他的歉意,然后灰溜溜地走了。

　　陈寔严守信约,元方斗胆责人,一时传为佳话。

《后汉书·陈寔列传》

　　本 篇 成 语 解 释:

1.【心神不宁】心神不安定。

2.【愤愤不平】心中不服,十分气愤。

3.【强词夺理】本来无理硬说成有理。

-59-

割发代首

曹操,东汉末年政治家、军事家、文学家。字孟德,小名阿瞒,沛国谯(今安徽亳州)人。少时机警,有权术。精通兵法,善诗歌,是三国时魏国的建立者,后追尊为魏武帝。

东汉末年,太师董卓废掉了汉少帝,激起朝廷上下的不满。曹操回到家乡变卖家中的财产,招募士兵,自己拉起了一支队伍,意图讨伐董卓,统一天下。曹操率领这支部队南征北战,逐渐强大起来。可是,由于战争不断,土地荒芜,又加上天灾连连,百姓们没有粮食吃,只能以桑树叶充饥,军粮就更难筹集了。曹操手下有许多谋士,他们就向曹操建议,要想消灭各地的豪强和军阀,统一天下,一定得注意耕种、开垦荒地、积蓄军粮。这个建议曹操接受了,他让士兵和农民一起垦种荒田,储备粮食。同时严明军纪,禁止践踏禾苗、毁坏庄稼,如有人违犯,就以军法判罪。

军法令颁布不久,曹操就率领部队出征了。

曹操威风凛凛地骑在一匹大白马上,停在路边,看着队伍前行。曹操的军队士气高昂,黄色、红色等颜色的军旗和士兵们银白的盔甲在两旁绿油油的麦子的映衬下,显得格外鲜艳夺目。突然传来一阵声响,一只斑鸠不知从什么地方展翅腾起,直愣愣地向曹操的大白马飞来。大白马

哪里见过这阵势？惊得高高地扬起前蹄，长长地嘶鸣一声，撒开腿疯似地飞奔起来。待曹操回过神来，使劲儿地勒住缰绳，却发现大白马身后已是一大片被踩坏的麦子。

曹操的卫兵和手下的将士刚要下麦田去帮曹操，曹操却向他们摆摆手："你们不要过来了，我自己会走！"说着，小心翼翼地牵着大白马从麦田走上田埂，又从田埂回到了大路上。

曹操擦了擦脸上的汗珠，下令叫部队停下，随即叫来管理法令文书的主簿官，指着被大白马踩坏的麦田说："我的马踩坏了麦子，违反了军令，你按军法处罚我吧！"

将士们你看我，我看你，不知如何是好，主簿官更是觉得为难："主公，这法令是对一般将士的，您是主帅，何况是马受惊闯入麦田，不是存心违法，我看就不必处罚了吧！"

曹操摆了摆手，说："这可不行，禁止践踏麦田，违令斩首，这法令是我制定的，我自己违反了，不受处罚，就是不讲信誉，还怎么让大众服从呢？"

主簿官和众将士连忙跪下，齐声说万万不能以此论罪。

曹操望望下跪的将士们，又瞅瞅两旁长势喜人的绿油油的麦子，沉思了一会儿说："这样吧，我是主帅，还要带兵打仗，可免死罪，但不能不受惩罚，否则就是自毁军令。"说着，脱下头盔，抽出宝剑，将自己的头发割下一绺来，掷在地上说，"姑且

用割发来代替砍头吧！"

在古代，割发也是一种刑罚。曹操割发代首的事情在军中广为流传，从此部下们更是谨慎遵守军令，不敢有丝毫违反。

《晋书·魏武帝本纪》

本篇成语解释：

1.【南征北战】转战南北。形容经历了许多战斗。

秉笔直书

陈寿，西晋史学家。字承祚，巴西安汉（今四川南充北）人。官至著作郎（起草文书的官员）。撰写《三国志》六十五卷，脉络分明，文笔精练，评价客观，被后人誉为"良史"。

陈寿是西晋的一位史学家。他为人诚实，治学严谨，很受同学和朋友的称赞。

有一天，他在房里整理资料写《三国志》，对刚刚过去的魏、蜀、吴三国的历史进行清理回顾。他正埋头翻阅资料，外面突然闯进一个人来。陈寿抬头一看，是多年未见的表叔。如今叔侄重逢，自然是话语不断，陈寿和表叔都聊得很开心。

表叔看桌子上、书架上摆的全是书，便问陈寿："你现在在写什么呀？"

陈寿说："我想把三国的历史好好地整理一下，刚刚开头，正在写《诸葛亮传》呢！"说着，便把一叠手稿递给表叔。

"《诸葛亮传》？"表叔诧异地叫了一声，刚伸过来拿书稿的手马上缩了回去，好像这书稿是一个烫手的山芋。

"你知不知道，诸葛亮是你们陈家的死对头，你父亲

就是被他活活气死的。你现在居然在写《诸葛亮传》！"表叔气得直在屋里转圈。

"什么？我父亲是被诸葛亮气死的？"陈寿问道，脑子里一片空白。

"是的，孩子，当时你还小，不懂事。你父亲原是诸葛亮手下一位将领，后来因为跟随马谡丢失了街亭，受到连累。你父亲受到这次打击后，一直精神不振，最后就郁闷地去世了。"

听着表叔的话，陈寿对诸葛亮竟产生了几分怨恨，但是他根据自己所掌握的大量史料以及多年的研究，觉得诸葛亮是个了不起的历史人物。比如他对蜀汉忠心耿耿，一心扶助汉主，足智多谋，百战百胜，治军严明，严于律己……想到这些，陈寿渐渐冷静下来，坦率地说："诸葛亮对于失街亭之事进行处罚，是对的，我父亲的死怪不得诸葛亮。"

听陈寿这么一说，表叔更生气了，指着陈寿的鼻子说："好你个陈寿，长大了就忘本了，居然帮杀父仇人说话，你真是陈家的不肖子孙！"说完，气呼呼地走了。

望着表叔远去的背影，陈寿感到十分委屈，写历史就要忠实于历史本身，怎能听任自己的感情摆布呢？

过了几天，陈寿碰到一位同窗好友，便将此事告诉了他。

这位同窗好友很直率地说："你做得对，这才是一个历史学家的样子。你写《诸葛亮传》就应该回到原来的历史当中去，对诸葛亮这个人进行客观的、实事求是的评价，而不能照顾自己的偏好，因为你是在写历史，而不是在写小说。前辈司马迁写《史记》之所以能名满天

下，就是在于司马迁对人物的公正评价啊！"

好友的忠告，使陈寿大受鼓舞，更加坚定了写好《诸葛亮传》的决心。

此后，陈寿翻阅了许多史料，又请教了许多同行，终于写完了《诸葛亮传》。后来，这篇传记被许多人评为《三国志》中写得最好的一篇人物传记。

《晋书·陈寿列传》

本篇成语解释：

1.【百战百胜】打一百次仗，胜一百次。形容善于作战，所向无敌。
2.【不肖子孙】指品行不好的子孙。
3.【名满天下】名声遍传天下，形容名声极大。

他的能力如何，说明「信」重于「能」。

应当先看他是否讲信用，然后再论及

宁死不欺

　　高允，北魏大臣、学者。字伯恭，渤海蓨（今山东景县东）人，少好学，常担笈（书籍）负书千里就学，博通天文经史，官至中书令（即丞相之职）。前后经历五帝，身居要职五十余年。

　　东晋时期，一些少数民族纷纷在北方建立政权，北魏就是其中一个。北魏到魏太武帝时，已经建国好多年了。太武帝决定让人编写一部魏国的史书，好留给后代学习。

　　这件事由汉人崔浩、高允等人负责。他们花了几年工夫，才写好全书。他们请了几位石匠将这部史书刻在石碑上，竖立在大路两旁，使过往行人都可以阅读。

　　哪知道这下可闯下大祸了。北魏的祖先愚昧落后，朝野上下都十分忌讳，避而不谈。书里偏偏讲了不少北魏祖先的落后情况。许多朝中大臣看了以后，气得要命，纷纷跑到太武帝那儿去告崔浩的状。太武帝大发雷霆，马上下令把崔浩、高允等人传唤过来审问。

　　太子一听便慌了，因为编写人员之一高允是他的老师。他急忙赶在高允去见太武帝之前，再三叮嘱高允："您千万不能承认这部国史是您主笔的呀！"

　　高允不知道大祸临头，一时摸不着头脑，忙问太子："究竟是怎么回事？"

太子说："您不要问是怎么回事，只要您按我的话去说便会没事。"

见到太武帝，高允立刻感觉到气氛不对，只听太武帝冷冰冰地问道："史书是崔浩写的吗？"

高允一听是这事，就老老实实地回答："书里有两部分是我和崔浩合写的，后来崔浩的事多，没写多少。所以总的来说，我比崔浩要写得多些。"

太武帝气得要命，指着高允的鼻子说："太子刚才还向我求情，让我饶你一命。你却说大部分是你写的，那只有推出去斩了！"

高允脸不红、心不跳地回答："事实是怎么样，我就怎样回答，即使是死也在所不惜！"

太武帝仔仔细细地打量了一下挺着胸、昂着头的高允，不觉生出喜爱之情："看你这么正直老实，宁死不欺，我就饶你一命吧！"于是下令饶过高允。

在回来的路上，太子责备高允说："一个人应当见机行事，当初我叫您按照我讲的话回答，您却不听我的劝告，反而去触

怒皇上。我想起这事，就吓得心惊肉跳。"

高允一边走，一边神色凝重地说："太子啊，做人就要讲究个'信'字，编写史书也是这样，就是要把帝王的活动如实地记载下来，让后世作个借鉴。崔浩这人有过错，但写的史书是没错的，很客观，可称为信史。这书是我和崔浩等人合写的，他们死了，我不能独自活着，你好意把我救了下来，可这不是我的本意。"

太子转过身来，看着高允那充满了宁折不弯气质的眼睛，对他的钦佩之情油然而生。没过多久，北魏人全都知道有一个宁死不欺的高允了。

《魏史·高允列传》

本 篇 成 语 解 释：

1.【大发雷霆】霆：响雷。比喻大发脾气，高声训斥。

2.【见机行事】机：时机，机会。根据适当的情况采取不同的措施和行动。

3.【心惊肉跳】心惊肉抖。形容祸患临头时恐惧不安的心情。

孔子教导学生时，提倡"文"（即《诗》《书》《礼》《乐》等典籍），"行"、"忠"、"信"并重，希望学生能做到博学多闻（文）、敦品励行（行）、尽忠职守（忠）、诚实不欺（信），把智育与德育结合起来，做一名德才兼备的人。

山宾卖牛

明山宾,南朝梁平原鬲县(今山东德州东南)人。字孝若,七岁能言名理,十三岁博通经传。官至东宫学士,诸生以其平易而爱之。著有《礼仪》等书。

明山宾是南北朝时的梁朝人,曾担任平陆县的州官。后来因为他在平陆县闹灾荒时私自开仓济贫,触怒了朝廷,所以被没收了家产,削职为民。于是明山宾回到自己的家乡,开始过艰苦清贫的乡村生活。由于他在当官时为人清廉,又加上家里也没有什么积蓄,没过多久,全家只能靠吃野菜粥度日了。

终于有一天,家里连野菜粥也吃不上了。明山宾看到全家面黄肌瘦的样子,心中一阵酸痛,于是一狠心,拉上他父亲留下的那条黄牛上集市去了。集市上人来车往,热闹非凡,明山宾的那条黄牛虽然瘦了点儿,但是却有精神,再加上明山宾叫的价钱又比别人低,所以很快就被邻村的一位老汉买去了。

明山宾掂掂手中的银两,脸上露出一丝笑容,毕竟好多天没吃上大米饭了,这下可以买点儿粮食,渡过难关了。于是,他买了几斤粮食

背回家。

晚上，望着热气腾腾、香气四溢的大米饭，明山宾的眼泪竟然控制不住地流了下来。是呀，妻子儿女跟着我受了这么多的苦，这么多的累，真是惭愧呀。他擦了下眼泪，将碗中的米饭又倒了点儿给儿子。妻子见这情形，眼圈也红了，哽咽着对明山宾说："官人不要再愁了，说点儿高兴的事吧。我告诉你呀，就是这头牛呀，能卖到二十两银子就很不错了。"

明山宾放下碗，奇怪地问："为什么这样说呢？"

"我们这头牛以前生过漏蹄病。"

明山宾一听，站了起来，大声地对妻子说："你怎么不早告诉我呢？要是那位老汉耕地时，牛突然发起病来，那后果可不得了！我们现在是穷一点儿，但也不能欺骗人呐！不行，我马上去找那老汉。"说着，明山宾就往门外走去。

"你不吃饭了？"

"不吃了。"明山宾头也不回地走了。

明山宾越过一座山坡，来到邻村，仔细打听，才找到那位老汉家。

老汉见到明山宾，还以为明山宾嫌牛卖得太便宜，来找自己算账呢，于是便怒气冲冲地冲明山宾说道："你这个人怎么回事？讲定了价钱，还想反悔吗？"

明山宾急忙解释："老伯，我不是来悔账的，我只是想告诉

你，我卖给你的这头牛，几年前生过漏蹄病，不过治好后至今还没复发过。这样吧，我退给你一半的钱。"说着，明山宾递给老汉十两银子，说道："我回到家才知道这件事的，真是对不起。"

听明山宾这么一说，老伯愣住了。他万万没想到，天底还有这么老实的人，居然大老远跑来，向买主承认自己卖出去的牛曾经生过病，而且还要退回给买主一半的钱。他慌忙把钱推了回去，说："你卖东西这么诚实，我还怎么好意思要这些钱呢！"

明山宾卖牛的事很快传了出去，人们对他更敬重了。

《梁书·明山宾列传》

本篇成语解释：

1.【面黄肌瘦】面色黄，肌体瘦，形容营养不良或有病的样子。
2.【热气腾腾】热气很盛。
3.【怒气冲冲】充满怒气，十分激动的样子。

现代人每天营营役役，为的是多赚点钱，以提高生活水平和物质享受，但道德价值观念却开始失落。在物质主义、功利主义和享乐思想的冲击下，许多人存在见利忘义、投机取巧的心理。反观文中的主人公，我们是不是要反思一下？

自讨苦吃

　　皇甫绩，隋朝人。字功明，三岁而孤，为外祖父所抚养。细心好学，略涉经史，官至信州总管。

　　皇甫绩小时候很命苦，三岁时父亲就去世了，所以母亲就带他到外公韦孝宽家里住下。外公家里条件还算可以，见皇甫绩可怜，便请了一位老先生教皇甫绩和几个表兄弟念书。

　　皇甫绩尽管年龄小，但很懂事。除了认真读书之外，经常帮助外公家里干一些力所能及的活儿，比如扫扫地、抹抹桌子等，所以大家都很喜欢他。他外公也格外疼爱他，经常去他的房间里与他谈话，眼里总是流露出慈爱的目光。皇甫绩和他的几位表兄弟关系也非常好，整天形影不离。

　　但是，孩子们总是免不了贪玩。有一天，皇甫绩下课回家，跟他的几位表兄弟一起躲在谷仓里下棋。这可是他们哥几个的秘密处所。他们下了一盘又一盘，将老先生布置的功课全忘在了脑后。

　　第二天，老先生检查功课，皇甫绩和他的几位表兄弟一个都背不出来，老先生胡子都气歪了：那几位就不说了，你皇甫绩原来学习那么认真，每次背课文，都倒背如流，今天是怎么了？老先生越想越气，将戒尺往桌子上一放，走了。

　　皇甫绩和他的几位表兄弟相互望

了望，心想：完了，今天挨打是挨定了。

果然，过了一会儿，外公就派人叫他们进书房，狠狠地把他们训了一顿，并让他们挨个脱下裤子，趴在板凳上，每人罚三十大板，另外，书不仅要会背，还要会默写。轮到皇甫绩，外公语重心长地对他说："你父亲去世早，你就应该比他们懂事呀！可现在，竟然连功课都不做了，你辜负了我的一番苦心和希望，你太不懂事、太不应该了。你这样，让我有何脸面向你九泉之下的父亲交代呀？"说完，既不罚他板子，也不罚他功课，叹着气摇着头走了。

这时候，皇甫绩的眼泪"刷"地流了下来，他的几位表兄弟摸着被打红的屁股过来安慰他，但皇甫绩的眼泪就是止不住往下掉。

夜里，皇甫绩躺在床上怎么也睡不着。他想："表兄弟们和我都犯了一样的错，而外公唯独不打我，这实际上比打还难受呀！皇甫绩呀皇甫绩，你以后一定要好好学习，将来要做一个有用的人啊！"

第二天一早，去课堂的路上，皇甫绩拿着一块木板对他的几位表兄弟说："虽然昨天外公没有罚我，但我的心里很是不安，现在我想让你们代替外公打我三十大板。"

几个表兄弟一听都笑了，说："算了吧，昨天的事都过去了，何必还要自讨苦吃呢？"

皇甫绩表情严肃地说："你们都挨了打，这能帮助你们吸取教训、痛改前非。现在，你们都

诸葛亮：勿持功能而失信。

意思是：不要仗持有功劳、有才能就失信于人。

记住了教训,难道不肯让我记住教训吗?"说完,就泪流满面地跪在地上,怎么也不起来。他的表兄弟们只好在皇甫绩的屁股上打了三十下。

皇甫绩的外公听说此事之后,高兴地流下了眼泪,不住地说:"这才是好孩子,这才是好孩子!"

从此以后,皇甫绩刻苦好学,长大后因德才兼备被朝廷录用,并不断晋升,成为隋朝的名臣。

《隋书·皇甫绩传》

本篇成语解释:

1.【自讨苦吃】讨:招惹。自己为自己找麻烦。

2.【形影不离】像影子追随着形体一样,一刻也不分离。形容彼此关系极为密切。

在学校求知,是一个艰苦的过程。求学时应抱着"知之为知之,不知为不知"的态度,知道就是知道,不知道就是不知道,不可以不懂装懂,欺世盗名。

李勉葬金

李勉，字玄卿，为人方正，内沉稳，外清整，以德服人，不威而治，为世人所称道。

一轮红日从地平线上冉冉升起，古城开封迎来了新的一天。这时，城南一家旅店的大门"吱——"的一声打开了，年少的李勉从里面走了出来。只见他吸了几口新鲜空气，信步向郊外走去。秀丽的自然风光、迷人的历史古迹，把李勉给深深地吸引住了。他忘记了疲劳，一路走一路看，直到黄昏的时候，李勉才依依不舍地回到旅店。

一进门，李勉就看到店里新来了一位客人，正在饮茶。此人约摸四十岁左右，衣着整洁，举止文雅，一看就知道是位读书人。李勉对读书人都有一种好感，便主动上前施礼道："晚生名叫李勉，也在此住店，不知先生大名，望多多指教。"

那中年人见李勉彬彬有礼，连忙起身还礼，并邀李勉一起饮茶攀谈起来。在叙谈的过程中，李勉得知那中年人姓王，正准备到京城长安参加一年一次的科举考试。途中感到身体有点儿不舒服，只好投宿旅店，暂时休养一阵。

在以后的几天里，李勉和王君吟诗作赋，谈古论今，相处得十分投机，成了忘年之交。

突然有一天，王君不小心着凉，发起了高烧。李勉急忙请来医生为王君诊治，又煎好草药，亲自喂他服用。可是王君的病情不仅没有好转，反而越来越严重。望着王君日渐消瘦的脸庞，李勉心里非常着急。

一个风雨交加的晚上，外面风呼呼地刮着，雨淅淅沥沥地下个不停，敲打着院子里的芭蕉叶，敲打着窗棂，也敲打在李勉的心里。他已经在王君的身边整整守候了七天七夜。

突然，王君一阵猛烈地咳嗽，苍白的脸顿时显得通红，李勉一面将脸盆端过来，一面在王君的后背轻轻地捶着。王君不住地呕吐，李勉一看，啊！血，全是血！李勉看着昏过去的王君，心里一阵阵绞痛。过了好一会儿，王君才微微睁开双眼，吃力地用手指了指床下的小木箱，示意李勉将它打开。

李勉打开箱子一看，里面有一包白花花的银子！

王君满怀感激地望着李勉说："这段日子，多亏你无微不至地照顾，这包银子共有一百两，是我为赶考准备的，现在我知道我快不行了，能不能求你一件事？"

王君见李勉闪着泪花点点头，咳嗽了几下又说："在我死后将我葬在这古都开封，然后捎信给我的家人，叫他们将我迁葬回老家，办完这些事后剩下的银两你就拿着吧，算是不负我们结交一场。"说完，头一歪，永远地闭上了眼睛。

不久，王君的家人接到了李勉报丧的书信，风尘仆仆地赶到了旅店。李勉将他们带到了松树环抱的后山墓地，将王君的棺木抬了出来，里面一包银子赫然映入眼帘。

李勉低声地讲了银子的来历，抚摸着棺木动情地说："王君，你我是忘年之交，你病了，我照顾你是应当的。你赠银的心意我心领了。至于剩下的八十两银子，

儒者重德，故不以金玉为宝，而以『忠信』为宝。可见，儒者是把忠信作为修身养性、齐家治国的法宝。

我全部交给了你的家人,这样我心里才会踏实一些呀!"王君的家人听到这话,紧紧地握住李勉的手,感动得一句话也说不出来。

后来,李勉当上了唐朝的宰相。李勉葬金的故事更被传为美谈。

《新唐书·李勉列传》

本篇成语解释:

1.【彬彬有礼】形容文雅而有礼貌。

2.【无微不至】没有一个细微的地方不照顾到,形容关怀、照顾得极为周到。

3.【风尘仆仆】风尘:指在旅途中;仆仆:疲累的样子。形容旅途劳累的样子。

4.【忘年之交】指不拘年岁行辈的差异而结交朋友。

将友谊建立在志同道合、情趣相投的基础上,贵者一方不应以自己的年资、地位、权势、财富作为交友的资本,彼此应当相互尊重。遇到显贵的人,不会因此奉承巴结;遇到寒微的人,不会因此傲慢自大,这正是平等之交的可贵之处。

冒雪守约

萧至忠，官至吏部尚书，刚正不阿。后因太平公主之事牵连被杀。

萧至忠少年时候有很多朋友，大家都相处得很好。萧至忠常常对人说："对朋友要守信用，才能赢得友谊。"

有一天，萧至忠和几位好朋友约好去游湖。冬天的阳光透过窗子照进来，暖洋洋，怪舒服的。萧至忠在床上伸了伸懒腰，打了个哈欠，真想再多睡一会儿。但他一想到和朋友约好要在郊外折柳路集合，就一点儿睡意都没有了。他一骨碌爬了起来，赶忙梳洗完毕，就直奔折柳路而去。

折柳路是郊外一个很著名的地方，远走他乡的人都在此与亲友别离，因以折柳为意，所以取名为折柳路，旁边原来有一座凉亭的，但因兵荒马乱而毁弃了，只剩下十几块黑乎乎的砖石。望着那高台上渐渐清晰的、黑乎乎的砖石，萧至忠不禁加快了脚步。可走到那棵大柳树旁，竟然一个人都没有。萧至忠这才放下心来。

过了一会儿，朋友们陆陆续续地来了。

一个到的稍微早些的书生说："今天天气真好，

我们总算可以痛痛快快地玩一下了。"

有人附和道："是呀，整天读书、写文章、对对子，真没劲！"

忽然人群后面有人插了一句："大家可不要高兴得太早了，我看不过两个时辰就会下雨降雪。"

人们回头一看，原来是张生，大家不禁都笑了起来。因为张生平时沉默寡言，如果一定要他讲什么，他也是脸红脖子粗，结结巴巴的。

"你们不信？这可是我观察了几个月的星象才发现的。你们要笑，到时候再笑吧！"奇怪，张生一点儿也不结巴了。

萧至忠跟着大家笑了起来，他是组织者，操心的事多些，不能因为自己考虑不周，坏了大家的兴致。他点了点人数，只差胡生了。

太阳渐渐升高，可云彩也渐渐多了起来，阳光也没有早上那么暖和了。胡生半天不来，大家有点儿不耐烦了，有的走来走去，有的嘴里骂骂咧咧。萧至忠也有点儿沉不住气了，脸上却没有表现出来。

突然，一阵西北风吹来，那些云朵突然变了颜色，灰蒙蒙、黑压压的，将太阳吞没了，天空最后的一角蓝色也不见了。风越刮越大，雨也下起来了，随后还飘起了雪花。萧至忠和朋友们大失所望，看来游湖的计划是泡汤了。

"萧至忠，我们回去吧！"众人喊道，一起向城里跑去，张生也拉了拉他。

"可胡生还没有来呀！"萧至忠抹了抹脸上的雨和雪。

"雨和雪这么大，胡生不会来了。即使来了，他见没有人，

自然会回去的。"张生又拉了拉他。

"和别人约定好了的事，怎么随随便便失信呢？你回去吧，我在这里等他。"萧至忠坚定地说。

又过了两个时辰，胡生才赶来了，他本以为刮风下雨降雪，不会有人等他了，但他却看见萧至忠全身湿漉漉地站在那儿。

两个好朋友拥抱在一起，然后深一脚浅一脚地一同回家了。

此事传开后，萧至忠冒雪守约的故事便成了当地人守信不毁的榜样了。

《新唐书·萧至忠列传》

本篇成语解释：

1.【兵荒马乱】形容战时混乱不安的景象。
2.【大失所望】原来的希望完全落空，即非常失望。

"与朋友交，言而有信。"一旦欺骗朋友，朋友不再信任自己，便会破坏了大家的友谊。而真的朋友，能做到"久不相见，闻流言不信"，即就算大家很久没见，当听到有关朋友的谣言，彼此仍能互相信任。

不欺买主

　　陆元方，字希仲，今苏州吴江人，官至鸾台侍郎，同凤阁鸾台平章事(实为宰相之职)。处事谨慎，善于荐人，不为权贵所左右。

　　洛阳，是唐朝的东都，热闹非凡，繁华可比江南，所以有很多有钱的人都想在洛阳买上一幢房子或者宅院。这不，街上的这两位就是。这两位来自唐朝都城长安，一副生意人打扮，因为在洛阳做生意，便想在洛阳买一块地皮建酒楼，打听来打听去，听人讲城南陆先生出售宅院，他们便急忙前来，商谈此事。

　　这位陆先生就是陆元方。陆元方早先在洛阳暂住，见到这座宅院，有真假莫辨的假山，有凉爽宜人的亭子，还有郁郁葱葱的翠竹，虽然面积不大，却小巧玲珑，别具一格，便买了下来。后来索性在洛阳城安家落户，小宅院便成为陆元方读书和教育孩子的好场所。可惜，好景不长，由于家道中落，手头一下子变得很不宽裕，无奈之下，陆元方不得不考虑将小宅卖掉。

这天，陆元方在院中散步，望着眼前熟悉的一山一石，一草一木，心中很不情愿。正想着，忽然外面传来敲门声，陆元方打开大门，见两位商人站在外边，一介绍，满口长安话，陆元方知道这两位就是买主了，连忙热情地将两位让进了屋里。

三人寒暄了几句，便转入正题，谈宅子的事。这两位长安商人倒也爽快，接受了陆元方开出的价钱。

"陆先生，如果不介意的话，能否让我们参观参观？"年长的买主彬彬有礼地问道。

"当然可以，请随我来。"陆元方也挺客气地领着他们参观起来。

穿过回廊，便是一座假山，所用石头虽不多，却堆砌得栩栩如生，灵气十足。上过两台阶，便是一座凉亭，极目远眺，洛阳城热热闹闹的街市和宁静的远山便可尽入眼底了。亭子被四周绿得发亮的青竹环绕着，更使人心旷神怡。

"果然是座好宅子！"年长的买主不禁赞叹道。

"这里交通便利，闹中取静，宅院本身的构造又非常好，开个酒楼肯定会生意兴隆。"年纪轻一点儿的买主也非常兴奋。

"什么，想开酒楼？"陆元方一听对方有这样的打算，急忙提醒，"两位先生，这宅院确实不错，可是要办成酒楼恐怕不行。"

两位买主忙问："怎么回事呀？"

陆元方老老实实地回答："办酒楼一定要有下水道，我这宅子虽有万般好，却有这一点不足之处呀！"

买主一听，高兴的神色顿时暗淡下来，显得很失望。他们两个相互商量了一下，对陆元方说："谢谢你的提醒，我们买这宅子就是为了办酒楼，要是没有下水道，那我们就

只好放弃了。"

买主走了，家里人见买主临时变卦，感到十分纳闷，纷纷向陆元方询问原因。陆元方便将实情告诉了他们。子侄们见错过了这么好的机会，都忍不住抱怨起来。

陆元方将他们叫到跟前，语重心长地说："我如果不讲实话，就是欺骗人家。人生在世，就要讲'信义'二字啊！"

一番话，讲得子侄们羞愧地低下了头。从此，人们对陆元方更加敬重了。

《新唐书·陆元方列传》

本 篇 成 语 解 释：

1.【小巧玲珑】玲珑：灵巧、灵活的样子。形容器物的形体小而精巧。

2.【别具一格】另有一番独特的格调。

3.【心旷神怡】旷：开阔，开朗。心情舒畅，精神愉快。

对人以诚信，人不欺我；对事以诚信，事无不成。——冯玉祥

著名徽商胡雪岩在杭州胡庆余堂药店中，向内挂了一块"戒欺"的牌匾。胡庆余堂药店之所以能够誉声海内外，生意兴隆，其秘诀就在于"戒欺"二字。"戒欺"二字是企业成功的秘诀，也是企业家的无价之宝。

诚归玉带

裴度，唐宪宗时宰相。字中立，河东闻喜(今属山西)人。进士出身，力主削除藩镇，曾督师攻破蔡州，擒吴元济，藩镇叛乱局面暂告结束。晚年因宦官专权，辞职退居洛阳。

裴度是唐朝宪宗时期一位以刚毅正直出名的宰相。他年轻的时候，曾经在河南香山寺遇上过这样一件事。

那天，天空灰蒙蒙的，飘着绵绵细雨，寺院里进香的人不多，这正合裴度心愿，他可以自由自在地游玩、观赏了。

裴度在大雄宝殿廊檐下漫步，欣赏墙壁上画的佛经故事。这时，一个身穿素白外衣、愁眉不展的年轻女子手里提着个包裹匆匆走上殿来。进了大雄宝殿，她将包裹往旁边一放，点起香烛，跪在菩萨面前，拜了三拜，闭着眼嘴里念念有词，一副虔诚的样子。求神拜佛之后，便匆匆离去了。

裴度见到她心事重重的样子，心里就猜想：她可能遇到什么不顺心的事了。正想上前规劝两句，那女子却匆匆离去了。他回到大殿，突然发现那个女子的包裹遗落在这里。裴度站在廊檐下，拿着包裹，望着面前下个不停的雨，心想：我等等吧，那女子发现包裹丢了，一定会回来找的。雨慢慢地停了，天也渐渐暗了下来，但那

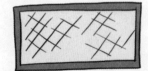

位一身素白的女子始终没有出现。

天色暗了，寺院要关门，裴度只好把包裹一夹，带回了旅店。夜里，他躺在床上想：这个包裹肯定对于那位女子很重要，她心里定会着急，我明天再去香山寺，或许会碰到那位女子。

第二天，天刚亮，裴度便拿了包裹去香山寺门口静候。果然不出所料，那位女子出现了。她依然穿着那身素白衣裳，面容更加憔悴，头也不抬，直冲冲地往大殿走去。裴度刚想唤住她，又不知叫什么好，只好跟着她进了大殿。一进大殿，那女子左看右瞧，上瞅下瞄，还时不时着急地跺脚，连连叹息。

裴度反抄着手，把包裹放在身后，上前问道："大姐，你在找什么呀？"

"昨天我进寺烧香，不小心把一个包裹忘在这里了。"她看也没看裴度，又一头钻进殿桌下面去找。

"是这个包裹吗？"裴度拿出包裹问。

那女子一听，马上钻了出来，一看见包裹，泪水止不住地往下流，连声说："就是这个包裹，就是它！"

她打开包裹，裴度一瞧，竟然是两条晶莹透亮的玉带和一条炫人眼目的金带！

那女子擦了擦眼泪，她告诉裴度说："我父亲原是一名京官，正直廉洁却遭恶人陷害，平白无故进了监牢。我一个弱女子是呼天天不应，叫地地不灵，只好来寺里求求菩萨，保佑我父亲平安无事。我当时心乱如麻，不小心将这包裹丢到这里了。"说着，眼泪又流了下来，"要不是你将包裹奉还，我还真不

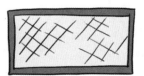

知道应该怎么办呢，你要我如何感谢你呢？这样吧，把这条玉带拿去，算是表达一下我的感激之情。"那女子拿着一条玉带递给裴度，眼里闪着激动的泪花。

裴度连连摆摆手，真诚地说："大姐，你的遭遇我非常同情，你救你父亲还得用上玉带呀！玉带我是无论如何都不能接受的。"说完，就走了。

那女子望着裴度的背影，眼泪又止不住地流了下来。

《新唐书·裴度列传》

本篇成语解释：

1.【愁眉不展】展：舒。由于忧愁，双眉紧锁。形容心事重重的样子。
2.【念念有词】指人不停地自言自语。
3.【心乱如麻】心中烦乱无绪，像一团乱麻。

人类没有了真诚，生活便没有了分量。让我们在真诚中舒展心灵的双翼，在真诚中领略世界的风采。留住真诚，生命便有了前进的依托；留住真诚，你我便有了心灵的共鸣。让我们在诚信里感受温暖，在诚信里憧憬未来。

做 老 实 人

陈省华,北宋太宗阆中(今属四川)人,字善则。官至左谏议大夫(监察官吏的官员)。

陈省华是宋朝的谏议大夫,他为人一向诚实敦厚,处处都严以律己、宽以待人,很受民众推崇仰慕。他的三个儿子在他的言传身教下也都很有出息:大儿子中状元当了宰相;二儿子中状元当了翰林学士;三儿子则中了进士。尽管如此,陈省华对儿子们依旧要求十分严格。

有一天早晨,陈省华醒来,照老样子在后院里散步。仆人们也都起来了,有的在打扫庭院,有的在给马匹喂料。陈省华一边走,一边点头,突然,他皱了皱眉头,回过头找到管家问道:"那匹枣红马怎么不见了?"

"启禀老爷,那匹枣红马性情刚烈,难以驾驭,所以,昨天二少爷和我一起把它拉到市场上卖了。"

"那么,你们俩把枣红马的情况给人家交代清楚了吗?"陈省华问道。

管家赶忙低下头,小声地说:"没有。"

陈省华一听,火就上来了,因为他知

道那匹马的脾气。有一次，他心血来潮，想骑骑那匹马，结果给摔得满脸是血，差一点儿送了命。如今，二儿子自作主张把枣红马卖给了别人，而且没有将枣红马的情况给买主讲清楚，万一……想到这里，陈省华心里的火更大了，急忙嘱咐管家将二少爷叫来。

此时，二少爷正在东厢房看书，一听管家说父亲要找他，便急急忙忙地赶来了。见父亲满面怒容，二儿子战战兢兢地问道："爹，您有什么事要吩咐？"

"吩咐？你都将枣红马卖掉了，我还有什么吩咐？"陈省华反问儿子。

"我想，这匹枣红马将您摔了一下，您肯定不喜欢，所以我就卖了。假如您喜欢它，我可以将它赎回来。"

"还是个孝子啊。那么，你将'枣红马性子暴烈、要小心'，这些话给买主讲清楚了没有？"陈省华追问道。

"我一旦把这些给买主讲了，他肯定不会买的。"

陈省华听到这儿，不禁用手指着儿子，说："亏你还是个翰林学士呢，我平时怎么教导你的？要你做老实人、做老实事，你可好，竟然欺骗起人来了，要是枣红马伤了人，你怎么对得起人家？"

二儿子挨了这一顿训，脸都红了。他抬起头对父亲说：

诚信本无价。一屋不扫，何以扫天下！

"爹，我错了，我马上和管家去骡马市场找那个买主，看看还有没有补救的机会。"

陈省华点了点头，说："这还差不多！"

于是二儿子和管家去骡马市场，费了九牛二虎之力，终于在回邻县的路上找到那个买主。只见他正被枣红马折腾得满头大汗，身上沾满泥巴，一副狼狈的样子。

看到这情景，二儿子急忙走到买马人面前说："客官，很抱歉，我们卖这匹马的时候，没有把它的坏脾气告诉你，现在我们决定将这匹马牵回去，钱如数还你，你看如何？"

买马者正愁没办法，听了这话万分感激。

陈省华教子卖马不欺人的事传出去以后，他更受人尊敬了。

《宋朝事实类苑》

本 篇 成 语 解 释 :

1.【言传身教】口头传授，行动示范。指用言行去教育和影响别人。

2.【心血来潮】指心中突然产生某种念头。

3.【战战兢兢】战战：恐惧的样子；兢兢：小心谨慎的样子。形容因心怀恐惧而非常谨慎的样子。

忘年之交

范仲淹，北宋苏州吴县（今江苏苏州）人，字希文，官至参知政事（相当于宰相一职），是我国著名的政治家和文学家。晚年所作《岳阳楼记》有"先天下之忧而忧，后天下之乐而乐"之语，为后人所传诵。著有《范文正公集》传世。

范仲淹是北宋著名的政治家、文学家。他小时候家里非常穷，每天早上煮一锅稀粥，凝结以后用刀分割成四块，早晚各吃两块，这就是他一天的伙食。生活虽然非常苦，但他学习却十分努力，读了很多书，学习了很广博的知识，同时也养成了诚实可信的品德。

年轻时，他去睢阳求学，住在一个亲戚家里。亲戚家旁边有一座破庙，废弃不用了。有一天，他好奇地走了进去。庙里蛛网密布，破败不堪，却有一个老头用一只大鼎煮着什么。那老头虽然穿得很旧、很破，眼睛却很有精神，范仲淹问他在煮什么东西，他用眼睛瞟了一下范仲淹，说："我不是在弄吃的，我是在用水银炼金子。"

范仲淹更好奇了，便蹲在地上，指着地上的那些瓶瓶罐罐问这问那，还不时地帮着老头往鼎下放柴火。老头见范仲淹不像其他人那样说他是个疯子，

便对范仲淹产生了好感,对范仲淹提出来的一切稀奇古怪的问题——比如水银怎么会变成金子呢?要炼多久呢?你是从哪儿学到这门技艺的呢——一一回答。老头跑过很多地方,见多识广,谈吐风趣,范仲淹也喜欢上了这个老头。范仲淹经常在学习之余来老头这儿,俨然成了老头的得力助手。于是两人便成了忘年交。

不料有一天,炼金的老头突然得了重病,范仲淹连忙请了许多郎中前来治疗,也买了许多草药给老头服用,但都无济于事,老人的病越来越重。看着老头日益清瘦的脸,范仲淹心里难受极了。

过了几天,老头强撑着身子坐了起来,把范仲淹叫到身边,郑重其事地交给他一只用火漆封了口的盒子,喘着气,断断续续地说:"我……我知道我快不行了,所以……所以有件事我一定要抓紧时间说出来。"他喘了口气,又说,"这个盒子里有我祖传的炼金秘方,还有一斤炼好的白金。我的孩子在乡下,还不懂事,我看得出你是个诚实可信、有出息的孩子,我就将它传给你了,望你将来出去干一番大事!"说完,便合上双眼,离开了人世。

范仲淹望着老人慈祥的遗容和手中的盒子,放声大哭。他暗暗下定决心:要加倍努力学习,决不辜负老人对自己的殷切希望。至于这秘方和白金怎么办,他也早就拿定了主意。

十几年很快地过去了,范仲淹已经是一位职位较高的官员了,炼金老头的儿子也长大成人了。

一天,范仲淹把炼金老头的儿子叫到府上,把一个包袱交给他。炼金老头的儿子觉得很奇怪,便问:"这是什么东西呀?"

诚者,天之道也。思诚者,人之道也。

意思是:诚是天的运行规律,追求诚信之道才是做人的道理。

范仲淹没有回答,示意他打开包袱,老头的儿子解开包袱,里面是一只古色古香的、用火漆封了口的盒子。老头的儿子诧异地望了望范仲淹,又打开盒子:啊!原来是一本炼金秘方和一锭白金!

"这是你父亲生前留下来的。"范仲淹说。

"我怎么不知道有这回事?"

"你父亲去世时你还小,所以把这盒子交给我保管。现在你长大了,这盒子该归还给你了。"

炼金老头的儿子明白事情的缘由后,特别激动,再三推让,但在范仲淹真诚的劝说下,只好收下了这个饱含深情厚意的盒子,他心中涌动的满是对范仲淹的感谢和无限的敬佩之情。

《宋朝事实类苑》

本 篇 成 语 解 释:

1.【见多识广】形容见识广博。

2.【无济于事】对事情没有帮助。

3.【古色古香】古香:古书画的绢或纸因年久而生的气味。形容器物、艺术作品或室内陈设具有古朴雅致的色彩和情调。

万 里 访 友

巢谷，字元修，北宋眉州眉山（今四川眉山）人。以豪爽侠义著称。

巢谷小时候很爱学习。后来进京城开封赶考，看到那些考武状元的人个个技艺高强、勇猛如虎，心里就痒痒起来，加上他本来身高力大，所以索性不参加科举考试，回去拜师学武了。他天天带着弓和箭，练习骑马射箭。之后到西北边疆，与一些军人、豪爽之士结交甚欢。后来有一次，他因朋友之事受到牵连，被迫在江南一带流浪，仍然毫不在意。

他六十多岁时，才回到眉山老家安居。这时候，当时著名的文学家苏轼受到迫害，被贬到黄州，过了几年弟弟苏辙又被贬到更远的地方巅海。消息传来，在家养老的巢谷心里不平静了，以前与二苏交往的一幕幕在眼前闪现。

苏轼、苏辙两兄弟和巢谷是同乡，都是眉州眉山人。巢谷小时候就和他们在一起玩，后来，巢谷去了边疆，偶尔有书信来往，但始终未见一面。

想当初，苏氏二兄弟以文章闻名于世时，去他们府邸拜访的人络绎不绝，而现在二苏被贬，大部分人却为了避嫌与他们断交

了，真是世态炎凉！

巢谷想到这些，不禁长叹一声，忽然一个念头袭上心来：步行千里去访二苏！

这念头一出，巢谷顿时心潮澎湃，马上着手做出发的准备。巢谷以七十多岁的高龄，一个人去步行千里访友了。

不知爬过几座山，趟过几条河，才到达梅州，距巅海不远了，巢谷便给苏辙写了封信，信上说："以前我想步行千里去见你，凭我这把老骨头，不知能不能完成我的心愿。没想到今天竟然到了梅州，与你已相隔不远了，我死而无憾了！"

苏辙看到信，又惊又喜，不禁赞叹道："这可不是今天世人所能做到的事情，这完全可以和古代的圣人相比呀！"马上派人将巢谷接到了巅海，挚友重逢，两人都高兴得哭了。

巢谷在巅海与苏辙相聚一个多月后，忽闻苏轼又被贬到与广东隔海相望的海南岛去了。巢谷又生出一股豪情，想去海南探望苏轼！

这时，巢谷七十三岁了，须眉皆白，瘦弱多病，望着巢谷窄窄的脸颊和微微飘动的白胡子，苏辙哭泣着对巢谷说："你我相交一场，从千里之外来探访我，我已十分感动，现在你就不必到千里之外的海南去了。乘船渡海，可不是一个老人所能承受的呀！"

巢谷拍了拍苏辙的手说："老弟不必这样，我巢谷一生没干过什么大事，但只认一个理：说话算话。你就不必劝阻我了。"

苏辙见巢谷决心已定，只好由他去了。巢谷于是开始第二次千里访友。他先是乘船到了新会。新会土匪出没频繁，巢谷

所谓信实，就是指不违背和忘记自己的诺言，一定要信守承诺，说到做到，言行一致。

住店时,不幸被土匪偷走了钱袋,后来土匪在新州被俘获。于是巢谷又到了新州,经过这一番周折,巢谷的身体累垮了,在新州病了几个月后就去世了。

听到这个消息,苏辙不禁失声痛哭:"当初我应该拦住他呀!"

消息传到海南,苏轼也垂泪不已,感叹道:"这世上再也见不到像巢谷这样至情至性的人了!"

《宋史·巢谷列传》

本篇成语解释:

1.【世态炎凉】世态:指社会上的人情世故,多指趋炎附势;炎:热,指亲热;凉:指冷淡。指社会上一些人在别人得势时百般亲热,无钱无势时冷淡无比。

孔子及其弟子提出"信",要求人们按照礼的规定互守信用,借以调整统治阶级之间、对立阶级之间的矛盾。儒家把"信"作为立国、治国的根本。

改题再试

晏殊，北宋抚州临川（今江西抚州）人，字同叔，幼有文名，以神童召试获进士，官至宰相兼枢密使。生平喜诗酒，以文章著名，其诗词尤为婉丽，著有《珠玉词》、《晏同叔先生集》。

在长江之滨，有个美丽的地方——抚州临川（今江西抚州市），它是北宋著名词人晏殊的故乡。晏殊从小聪明伶俐，又勤思好学，经常与人练习诗词曲赋，七岁便写得一手好文章，人称"神童"。

转眼间，门前的桃花开了又谢，谢了又开，晏殊已经十四岁了，文章也写得更出色了，但他从来不把这当作骄傲的资本，依然很谦虚。

有一天，一位奉命巡视江南的官员到了抚州，在与地方官闲谈时，得知本地有一位神童才子，名叫晏殊，便派人带晏殊来面试。他一看晏殊当堂写的文章和诗词，不禁拍案叫好："真

是神童啊！这么好的文章，我得推荐给皇上！"

于是，这位官员便把晏殊带到了京城开封。

当时宋真宗正准备主持一年一度的科举考试，听说来了位神童，很感兴趣，心想："这辈子我还没见到什么神童，神童到底神在哪里呢？我可得好好考考他。"

这样，晏殊便和全国各地的考生一起参加了科举考试。

会考那天，一千多个考生相继走进了考场，他们的年龄都比晏殊大，有的甚至是白胡子老头，大概是多年参加考试，未被录取吧。晏殊望着面前这些可以称得上是他的大哥、大叔，甚至爷爷辈的考生，心中觉得十分好玩。他哪里想到，其他考生们的眼光早就集中到他身上了。有的人说："嗨，就是这个小孩，听人说是个神童，文章写得特棒。"

有的人马上就反驳："棒什么棒，一个小毛孩而已！"

前边的人正要回嘴，突然，铜钟敲响了，考试正式开始。

全场顿时鸦雀无声，只听到毛笔落到纸上的"沙沙"声。晏殊展开试卷一看，不由得一愣，心想：怎么这么巧啊，这试题自己不是做过吗？晏殊的心里矛盾极了，他下意识地看了看左右的考生们，只见他们有的摇头晃脑，念念有词；有的则停笔沉思，肃然无语。时间一分一秒地过去了，晏殊不知道该怎么办才好，耳边仿佛有两个人在说话。

一个说："这是多么难得的机会，只要你把自己做过的文章好好地回忆一下，现成的佳作不就出来了吗？这既不能算作弊，又能保证取得好成绩，何乐而不为呢？"

另一个则说："做人的基本准则就是要诚实。自欺欺人，即使能暂时获得成功，却会永远受良心的谴责。你怎么能干这种卑鄙的事呢？"

想到这里，晏殊只觉得脸上一阵阵发热。他马上提起笔，毫不犹豫地在试卷上写道："陛下，这试题我在家里曾做过，如果将旧题重做一遍，实在有欺君之嫌。为了反映我的真实水平，恳请陛下再给我出一道题。"随后将试卷交给了监考官，请他转交给主持会考的宋真宗。

宋真宗见晏殊为人诚实，不欺人，也不欺己，非常喜欢，当即给晏殊另外出了道题。晏殊拿到新的试题后，沉思片刻，便拿起笔洋洋洒洒地写了起来。不一会儿，一篇气势磅礴、文辞优美的文章就写成了。宋真宗和众监考官看了，无不啧啧称好！

考试结束后发榜，十四岁的晏殊中了进士。

《宋史·晏殊列传》

本篇成语解释：

1.【摇头晃脑】晃：摇动。脑袋摇来摇去。形容旧时读书吟诵的姿态或自得其乐、自以为是的样子。

2.【洋洋洒洒】洋洋：盛大、众多的样子；洒洒：明白、流畅的样子。形容文章或谈话丰富明快，连续不断。也形容才思充沛，写起来很畅快。

3.【气势磅礴】磅礴：（气势）盛大的样子。形容气势极其雄伟。

知 错 就 改

司马光，字君实，陕州夏县（今属山西）人，北宋大臣，著名史学家。因编纂《资治通鉴》而著名。曾任尚书左仆射（即丞相之职），死后追封为温国公。遗著有《司马文正公集》等。

这是发生在司马光六七岁时的一件事情。

司马光小时候非常调皮，经常和邻居家的小朋友一起胡闹，一会儿到后边院子放风筝、抓昆虫，一会儿跑进自家大屋里捉迷藏，弄得全身汗淋淋、脏兮兮的。不过，大伙儿都非常喜欢他。

这一天，司马光和往常一样，在外面玩够了，风一样跑回家里，一边冲，一边喊道："我回来喽！"

可家里没人回应，可能都忙自己的事情去了。司马光渴极了，抓起桌子上的茶壶"咕噜咕噜"地灌了半壶才放下。

"咦，还有核桃吃！"司马光一眼瞥见了茶壶旁边的一盘核桃。核桃壳已经去掉，但核桃仁外面有一层粘得很紧的皮，剥了皮才能吃。司马光不知道这些，抓起来就要往嘴里塞。

恰好司马光的姐姐从外面回来，看见司马光的这副馋样，就像小猫见了鱼骨头，笑着将司马光手里的核桃夺了下来，放在盘子里："别动，核桃要剥了皮才能吃的！"

"那怎么才能剥皮呢？好姐姐，你帮我剥，好吗？"司马光拉住姐姐的衣袖，央求道。

姐姐向来是有求必应的，可这回却说："姐姐现在有事，再说，父亲不是经常叫你凡事都要自己动脑筋吗？"姐姐摸了一下司马光的小脑袋，进了里屋。

司马光瞧着这一盘子核桃，一筹莫展：用斧头砸？不行，皮是可以弄下来，可核桃仁也就碎了；用指甲一点儿一点儿去剥？可剥了几下，司马光的手指都弄红了。这回可把聪明的司马光给难住了。

这时，家里的丫环走了进来，看见司马光抓耳挠腮、又急又恼的样子，"扑哧"一下乐了，笑着说："还是我来帮你吧！"丫环放下手中的衣物，从厨房舀来一碗开水，然后把核桃放在开水里泡一泡。再剥，果然好剥多了。司马光高兴得跳了起

来，不一会儿，一大盘核桃全都剥好了。

姐姐办完事情，来看司马光剥核桃皮剥得怎么样了。看到核桃全部都剥好了，姐姐非常惊奇，就问司马光："这核桃皮是你剥的？"

"当然啦，我剥了好半天呢！"司马光不敢抬眼望姐姐，可回答的声音一点儿也不低。

"那你告诉姐姐，你怎么剥的呢？"

"用开水泡一泡，很快就剥下来了！"司马光见姐姐没有怀疑，心里稍微镇定了些。

"小弟果然很聪明，我可得告诉父亲去，让父亲也高兴高兴。"姐姐开心地笑着，要去找父亲。

"姐姐，别……"司马光想拦住姐姐。

"我早就看见了！"不知什么时候，父亲从外面进来了，眼睛直盯着司马光。司马光哪敢和父亲对视，脸刷地红了。

"司马光，我早就说过，做人要诚，做事要信！明明核桃是丫环帮你剥的，怎么能撒谎说是自己剥的呢？你自己好好想想吧！"

父亲和姐姐都出去了，只留下司马光惭愧地站在那儿。

从此，司马光牢牢记住父亲的话，"做人要诚，做事要信"，

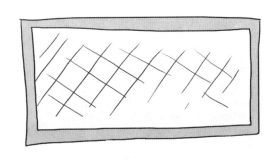

再也没有撒过一次谎。

《宋史·司马光列传》

本篇成语解释：

1.【有求必应】只要有人提出要求，一定答应。

2.【一筹莫展】筹：计策；展：施展。一个计策也想不出来。

3.【抓耳挠腮】乱抓耳朵和腮帮子。形容焦急、忙乱或苦闷、无法可施的样子。

诚信是一个道德范畴，是公民的第二个"身份证"，是日常行为的诚实和正式交流的信用的合称。即待人处事真诚、老实、讲信誉，言必信、行必果，一言九鼎，一诺千金。

卒娶盲女

刘庭式,字得之,宋朝齐州(今属山东)人,与苏轼为同时代人。曾为通判,后入道观,粒米不食,却神采奕奕,身轻如燕,终以高寿死于庐山。

这是北宋时期山东齐州很典型的小山村。村子不大,只有百十户人家,都围绕着一口池塘居住。

早晨的雾气还未全消,弥散在池塘里,像是笼罩着一层轻纱。刘庭式还在睡觉,四周静悄悄的,只有几只小鸟在枝头跳跃。突然,远处传来一阵锣鼓声,而且越来越近,竟然是朝着他家来的。刘庭式"腾"地坐起身,耳朵细细地听着外面的动静。只听到人声嘈杂,热闹一片,其中一人高声喊道:"山东刘庭式中得进士,特来恭贺啊!"霎时间,屋子里来了许多贺喜的人。

"我终于高中了!"刘庭式满心的欢喜只想告诉她。她在哪儿?刘庭式打量着满屋子祝贺的人们,却始终没有到她的身影。

到了晚上,直到祝贺的人都散了,她也没露面,她家里也没有人来登门。

忠信谨慎，此德义之基也；虚无谲诡，此乱道之根也。

第二天，她家里人送来一封信，刘庭式急忙拆开，信上说："去年，刘公子去京赶考之前，与小女香云订婚，我们两家都非常高兴。刘公子昨天接到考中喜报，这是大喜之事；可惜几个月前，香云患了一种奇怪的病，请了几个郎中都未治好，最后两只眼睛都看不见东西了。现在你家即将成为官宦门第，而我家还是布衣之家，更何况小女已经成了一个瞎眼的姑娘，怎么能配得上刘公子呢？所以我们决定解除小女和刘公子的婚约。"

刘庭式的父母亲也看了信，叹了口气说："这真是命中注定的呀。"说完，准备回封信答应解约。

不料，一旁沉默不语的刘庭式却说："订婚时，我的心就已经属于她了，怎么能够就这样违背良心，随随便便地解除婚约呢？"

"可她两眼都瞎了呀！"

"当初我同意娶她并不因她有两只眼睛！"刘庭式很固执地回答道。

刘庭式的父母亲拿儿子没有办法，只好答应他们的婚事。

刘庭式娶了香云后，夫妻俩非常恩爱，后来又有了几个儿子，一家人过着快乐美满的生活。

可是，不幸得很，香云由于病情加重，不久就撒手而去。刘庭式痛苦万分。过了几年，他依然念着香云，几个好友劝他另娶其他的富贵小姐，他都拒绝了。

有一次，好友苏轼和他闲聊，谈到刘庭式娶盲女且终生不再娶的事，苏轼开玩笑说："我听人说，爱得

越深，痛得越深，而爱则源于美貌。那么，你的爱从何而生，痛苦又从何出呢？"

刘庭式很严肃，满怀深情地说："我不是因为对方长得漂亮而产生爱意的。人的美貌是会变的，时光匆匆，没多久就会人老珠黄，假如我只爱她的容貌，那么爱意也会渐渐消退，爱的痛苦也会消失得特别快。如果是这样的话，街上那些招摇过市、目光轻佻的女子，随便找一个不就可以作妻子吗？"

苏轼默默听着，若有所思地点了点头。

《宋史·刘庭式列传》

本篇成语解释：

1.【人老珠黄】比喻妇女老了被轻视，就像珠子年代久了会变黄，不如新珠子值钱了。

2.【招摇过市】招摇：故意炫耀自己，引起别人注意；市：街。形容故意在群众中虚张声势，夸耀自己以引起别人注意。

法国历史学家托克维尔主张以诚实的态度对待生命。他指出，"生命既不是受苦，也不是欢乐，生命只是我们必须做的事业。我们必须诚实经营这事业，直到生命终结。"所以，我们在生命历程中，要做老实人，说老实话，做老实事。

心存不欺

　　曾叔卿，建昌南丰（今江西南丰）人，是北宋著名文学家曾巩的族兄。自幼家中贫苦，后得中进士，官至著作佐郎（负责汇编每日时事的官员）。

　　曾叔卿出生在一个没落的读书人家庭，自小吃过许多苦，粗茶淡饭自不必说，有时还要受人家的白眼和欺负。但他始终牢记母亲临终前对他说的话："人穷志不能短。别人欺负你时，你要保持自己的节操，不能欺骗别人。"

　　后来，曾叔卿做了一些小买卖，生活上稍微宽裕了点儿，生意上也是童叟无欺，很多人都愿意和他交朋友、做生意。

　　有一次，他从一个朋友那里得知，景德镇的瓷器在北方销售得特别好，他想：这可是一笔好买卖呀。于是，他把自己为数不多的积蓄全拿了出来，还从朋友手里借了一些钱，费了九牛二虎之力从景德镇搞到了些瓷器，又千辛万苦地运回来。可后来，由于人手不够、资金也周转不过来，错过了销售的好时机。他只好忍痛割爱，准备低价将瓷器转售给别人。

　　这天，经人介绍，有人想买这批瓷器。于是，他急匆匆地往回赶。

　　街上车水马龙，人来人往，热闹非凡，令人目不

暇接。有吆喝着卖大饼的，也有叫喊着卖茶叶的……有的商户如姜太公钓鱼——愿者上钩，也有的摊主霸王硬上弓——强拉强卖。曾叔卿对这些一点儿兴趣也没有，只是一个劲儿地赶路。

走着，走着，前面有一高一矮两个人的谈话引起了他的注意。

高个子说："不知你听说了没有，今年北方闹蝗灾了，唉呀，黑压压一大片，将麦子等庄稼都吃光了，可真是作孽哟！"

矮个子接过话头："你不说我还真不知道呢，昨天我家门口就有几个要饭的，满口的北方话，听也听不懂。我看他们可怜，就给了几吊钱，打发他们走了。"

听到这里，曾叔卿心里稍微宽慰了些：幸亏没有将瓷器贩卖到北方去，不然连本钱都保不住了。

到了家里，那位想买瓷器的客人正等着呢。曾叔卿向来痛快，寒暄过后没多久，便谈妥了价钱。

曾叔卿把钱收好，端起茶杯，问道："阁下买这么多瓷器，想要到哪里去卖呀？"

那位买到瓷器的人正乐着呢，因为曾叔卿这个人实在太老实了，他只用预计价格的一半就买下了全部瓷器。听曾叔卿这么一问，他得意洋洋地说："跟先生您的想法一样，想往北方贩卖呀，我人手很多。"

曾叔卿一听，心里"咯噔"一下，忙放下茶杯，对那个人说："阁下若是想贩往北方，那可就完了！"

"什么？"

"我回家时，刚听到人议论，说北方正闹蝗灾，百姓跑的跑、散的散，吃都吃

不饱,哪有什么钱买瓷器呀?"

"这下可完了!"那个人刚才还在为自己占了便宜而得意,这时可着了慌,脸也红了,汗也下来了,"我的几个人都做好准备了,况且刚将你的瓷器买到手,这下可赔大喽!"

曾叔卿看到那个人痛苦的样子,沉吟了片刻,说:"这样吧,我这批瓷器不卖给你了,我把钱还给你!"说着,把钱递给了对方。

"那你怎么办呢?"那个人感动得泪都流下来了。

"我的事你就不必管了,你回去吧!"

那个人感激地走了。

曾叔卿虽然背了一身的债,但却受到众人的敬仰和称赞。

《宋史·曾叔卿列传》

本 篇 成 语 解 释:

1.【九牛二虎之力】九头牛和两只虎的力气。比喻很大的力量。

2.【目不暇接】暇:空闲;接:接受。眼睛无法应付。形容东西很多很好,来不及看。

人常说"无商不奸",而曾叔卿却告诉我们,做生意要童叟无欺,首先要讲求信义,其次再追求盈利。否则,赢得一时的利益,却失去做人的原则,得不偿失。

我的中国，我的德国

冯梦月

　　我从小就喜欢读书，有两个原因使我养成了这个不错的习惯。一是我在幼年总喜欢缠着老爸讲故事，他每次都是拿着书来讲，我自然认定，故事是从书上来的。上小学后，我认识了一些汉字，便借助《新华字典》读我喜欢的故事书。二是老妈不知从哪里听说，看电视对小孩子不好，对眼睛不好，对今后思维也不好，除了让我看动画片外，其他一律不让看，这样逼着我只好去读书。我会因为读书忘了自己坐在马桶上，也会忘了老妈让我去超市买盐。有一个大冬天，老妈见我洗脚看书，怕我冻感冒，不断地催我，结果读书入了迷的我把书当成了擦脚布。

　　历史书籍是我的最爱之一。尤其是中国古代史，也许是它离我们现在的生活比较远，所以在我眼里倍显神秘。让我爱不释手的，是我上小学三年级时，老爸买的一套少儿版《二十四史》。中国历朝历代形形色色的人物和他们的情感，因为远观，让我着迷。

　　由于老妈被派到德国工作的缘故，还不满十三岁的我随行来到柏林，开始了留学生涯。刚到德国的那一年，我是在语言学校里度过的。第一次上学，因为迷路，居然在地铁里穿梭了五个小时。第一节课，我都记不起来是怎么听进去的，感觉自己像个傻子。初到德国的我，日常的一切，对我竟然那么地艰难，我很受打击。由于没有德语基础，与德国同学交流不畅，郁闷中，我竟把《二十四史》当成了精神食粮和交流对象，闲来便翻。半年后，老爸来探亲时，我大段背诵给他听，令他惊讶不已。

眨眼之间，来德国已经七年，我逐渐适应了这里的学习、生活和文化。德国中学的历史课主要讲德国、欧洲和美国的历史，滔滔绵绵、跌宕起伏；德语课上接触到的，不是歌德、席勒、海涅、莱辛等世界级古典巨匠，就是里尔克、黑塞、伯尔、格拉斯等现当代文坛巨子的作品，受益匪浅是毋庸置疑的，但我总有一种隔膜感。这也许就是根深蒂固的文化差异，中国的文化已经融入了我的血脉之中。好在有网络这个好帮手，我可以便捷地阅读中文，《论语》、《道德经》、《围城》、《四世同堂》……有一阵子，我还疯狂地迷上了宋代的婉约派诗词，大量搜集、诵读李清照的作品，不仅被弄得"凄凄惨惨戚戚"、柔肠百结，而且还模仿易安居士填词吟诵，以致被老妈笑称"冯清照"。

我的同学不全是德国人，也有来自土耳其、伊拉克、越南、希腊、俄罗斯、美国等国家的。我发现，他们对中国的了解大都仅限于人口众多、计划生育、社会主义、崛起大国等概念，对中国的历史和文化的认知少得可怜，但也有例外。我在德国一所寄宿学校读书时，我的历史老师喜欢研究唐朝和武则天，因为这个缘故，我们成了好朋友。她很佩服我的唐代历史知识，像找到了知音一般。其实，关于唐代历史，我刚入门，她也是略知皮毛而已。我现在就读的柏林洪堡文理中学，汉语可作为第二外语选修。除了学习简单的汉字和语句，还大量阅读翻译成德文的中文小说和历史常识。学到鲁迅的《狂人日记》时，同学萨拉问我，既然儒家思想属于中国的文化传统，为什么"仁义道德"就"吃人"了呢？这真是个好问题！儒家思想的核心虽可浓缩为"仁义理智信忠勇孝悌廉"十个字，但其精神内涵岂可三言两语以蔽之？更何况，中、西价值观本来就不在一个坐标系上。我只好从法律到伦理，左右开弓，总算让萨拉半信半疑地点了点头。

中国的传统文化博大精深，但遗憾的是，我们当下的年轻一代大多追求流行文化，往往忽略了对传统文化的认知和探寻。作为一个"资深"的小留学生，我的切身感受是，在"地球村"时代，传统文化不仅是本民族过去和现在之间的纽带，而且也是与其他民族之间对话和交流的桥梁，我们必须学习和了解。

丁卉是我老爸朋友的女儿，我们很小就认识，她小时候总叫我"姐姐"。五年前，我回国时去她家玩，不知怎么就谈到了唐诗宋词，她竟背出了我最喜爱的唐诗之一——白居易的《长恨歌》！真是心有灵犀。四年前，她去了新加坡留学。现在，我俩合作主编一套国学丛书，一来给自己充充电，二来想带领90后、00后的学弟学妹们通过阅读故事了解一点中国的历史和文化。